ESSEN ohne Reue

für Diabetiker

Geprüfte und taugliche Rezepte, von einer Diabetikerin vorgekocht.

Gutes Gelingen und guten Appetit
Gertrude Kreipel

NORKA Verlag

ABKÜRZUNGEN UND ERKLÄRUNGEN

Um unsere Rezepte auch wirklich nachkochen zu können,
hier einige Erklärungen und Abkürzungen:

EL	Eßlöffel
TL	Teelöffel
Prise	Menge zwischen Daumen und Zeigefinger
Pkg.	Packung
g	Gramm
l	Liter
Tbl.	Tablette
Msp.	Messerspitze
Maizena	Eindickungsmittel
Cayennepfeffer	scharfes Gewürz aus getrockneten Chilischoten
Sojasauce	milde Sauce aus Sojakeimlingen
Sauerrahm	saure Sahne
Schlagobers	Sahne
Topfen	Quark
Karfiol	Rosenkohl

Alle Rezepte sind, wenn nicht anders angegeben, für 1 Person berechnet.

IMPRESSUM:

Herausgeber:	NORKA Buch- und Zeitungsverlag Ges.m.b.H. 3403 Klosterneuburg, Wiener Straße 106, Tel.: ++43/2243/28 518, Fax: ++43/2243/25 082
Medieninhaber u. Verleger:	NORKA Buch- und Zeitungsverlag Ges.m.b.H.
Rezepte:	Gertrude Kreipel
Layout:	NORKA Buch- und Zeitungsverlag Ges.m.b.H.
Fotos:	Fotostudio E. Hois, A-3860 Heidenreichstein
Repro:	Farbsatz, 1210 Wien, Leopoldauerplatz 69
Druck:	Krammer/Repro Flexoprint GmbH. 4021, Linz
Verlags- und Herstellungsort:	Klosterneuburg

1. KAPITEL: SUPPEN

2. KAPITEL: WARME UND KALTE GEMÜSEGERICHTE

3. KAPITEL: FLEISCH- UND FISCHGERICHTE

4. KAPITEL: MEHLSPEISEN

KLEINES GEWÜRZ-ABC

5. KAPITEL: GETRÄNKE UND ANDERE FLÜSSIGKEITEN

TAGESMENÜPLÄNE

6. KAPITEL: KLEINE GERICHTE UND ZWISCHENMAHLZEITEN

VORWORT:

Zu den Wohlstandskrankheiten zählt der Diabetes mellitus vom Erwachsenentyp, der wiederum meist ein Teil einer kombinierten Stoffwechselstörung ist. Diese umfaßt Übergewichtigkeit, erhöhte Blutfette und erhöhten Blutdruck.
Ein, wenn nicht „der" Schlüssel zur Gesundung und Gesundheit des Menschen ist, innerlich ausgeglichen zu sein, also Maß zu halten in Allem, insbesondere in der Ernährung. In diesem goldenen Mittelweg liegt auch der Schlüssel zur Behandlung der Zuckerkrankheit, besonders des Erwachsenen-Typ mit all ihren Folgekrankheiten; d.h.: kalorienarm zu essen, jedoch alles mit Maß und somit auch diese Lebensfreude - das Essen -, trotz dieser Veranlagung für eine Stoffwechselkrankheit zu genießen.
Ein Weg, dieses Beide zu vereinen, wird in diesem Kochbuch aus eigener Erfahrung der Verfasserin gezeigt.

Prim. Dr. Rudolf Kaiser
Vorstand der internen Abteilung des Krankenhauses Gmünd

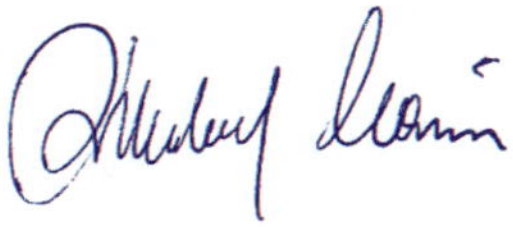

GENIESSEN OHNE REUE - GUTE TIPS FÜR DIABETIKER

Gestatten Sie mir zu Beginn unserer Plauderei ein paar Worte in eigener Sache.

Mein Name ist Gertrude Kreipel, ich bin 57 Jahre alt und seit 25 Jahren an Diabetes mellitus erkrankt. Durch schlechte Eßgewohnheiten (ich aß meistens nur spät abends, dann jedoch 6 bis 7 Broteinheiten – BE – auf einmal, ehe ich zu Bett ging) konnte ich zwar meinen Zukker reduzieren, mein Gewicht jedoch nicht. Im Gegenteil, bald begann ich jeder Waage auszuweichen. Dieses Versteckspiel dauerte bis November 1992. Dann hatte ich einen Unfall in meinem Gasthaus.

Als ich nach einigen Operationen wieder aufstehen durfte, wurde ich gewogen. Ich hatte satte 138 Kilogramm, und das bei einer Größe von 160 cm.

Nach Gesprächen mit hervorragend geschulten Diätassistentinnen und nach meiner Pensionierung habe ich dann mit Kräutern und grüner Küche versucht, mein Gewichtsproblem zu reduzieren. Dies ist mir auch gelungen. Der Gewichtsverlust war nicht sehr groß, aber stetig. Heute wiege ich zwischen 85 und 88 Kilogramm, noch immer um 30 Kilogramm zuviel. Jedes Jahr verliere ich ca. 8,5 Kilogramm, und diese Kilos bleiben verloren, auch wenn ich nicht viel Bewegung mache.

Als gelernte Köchin habe ich versucht, bestimmte Nahrungsmittel in Einklang mit Berechnungseinheiten und Kalorien zu bringen. Alle Rezepte habe ich mit meinem Arzt abgesprochen, sie sind von diesem kontrolliert worden.

Ich möchte Ihnen, sehr geehrte Damen und Herren, nicht mit erhobenen Finger sagen: „Du darfst nicht, Du sollst nicht, das kannst Du nicht!" Ich möchte Ihnen vielmehr zu einer guten Lebensqualität und zum Verlust überflüssiger Kilos verhelfen.

Leider ist Diabetes eine „Wohlstandskrankheit", und dieser Wohlstand zeigt sich nun in einigen Fettpölsterchen an den unpassendstenen Stellen. Trotzdem werde ich eine Schlemmerorgie für Sie zusammenstellen.

Viel Durchhaltevermögen wünscht Ihnen

Gertrude Kreipel

1. KAPITEL: SUPPEN

Wir wollen mit einigen Suppen beginnen, die keine BE (Berechnungs- oder Broteinheiten) und nur wenige Kalorien haben.
Verwenden Sie für die Zubereitung von Suppen nur entfettete Rindsuppe oder Suppenwürfel. Für Ihren Partner, der keine Rundungen besitzt, montieren Sie den Rest der Suppe mit einem Stückchen Butter oder Margarine.

SUPPE MIT HÜHNERLEBER

30 g Hühnerleber in 1 EL Fett braten, kleinwürfelig schneiden und in 1/4 l entfettete Suppe geben. Mit Salz und Muskat würzen und mit Schnittlauchröllchen bestreut servieren.
90 kcal, 2 g Eiweiß, 3 g Fett.

FRÜHLINGSSUPPE

100 g Suppengemüse klein schneiden, in 1/4 l entfetteter Suppe weichkochen, mit Salz und Pfeffer verbessern und mit viel Schnittlauch verfeinern.
35 kcal, 2 g Eiweiß, 3 g Fett.

FISCHSUPPE

Für diese Suppe benötigen Sie:
100 g Seelachs, 1 Suppengrün, 1 Scheibe Zitrone, 1/2 l Wasser, etwas Salbei, Knoblauch, Weißwein und Salz.

Fischstücke mit Suppengrün, Zitrone, Salbei und Knoblauch in Wasser kochen. Überflüssiges Wasser abgießen und mit Weißwein und Salz abschmecken.
50 kcal, 12 g Eiweiß, 1 g Fett.

TOMATENSUPPE

Dazu nehmen Sie:
1/8 l Suppe, 1 EL Fett, 1 1/2 EL Mehl, 200 g Tomaten, 1 EL Zwiebel gewürfelt, Oregano, Lorbeerblatt, Muskat.

Zwiebeln in Fett andünsten, halbierte Tomaten dazugeben, mit Mehl überstäuben, mit entfetteter Suppe ablöschen. Gewürze dazugeben, durchkochen und passieren.
110 kcal, 3 g Eiweiß, 5 g Fett, 1 BE.

‹ Suppe mit Hühnerleber

CHAMPIGNONSUPPE

40 g Champignons klein schneiden, in 1/4 l fettfreier Suppe weichkochen. 1 kleine Zehe Knoblauch pressen, mit 1 EL Joghurt 1 % vermischen, in die fertige Suppe einrühren und mit Salz und Pfeffer würzen. Mit grobgehackter Petersilie bestreuen.
35 kcal, 10 g Eiweiß, 2 g Fett

ZWIEBELSUPPE

Man nehme:
1 EL Fett, 180 g Zwiebeln, 1/4 l entfettete Rindsuppe, 1 EL geriebener Käse, 1/2 Schnitte Weißbrot.

Zwiebeln in Fett andünsten, mit Suppe aufgießen und kochen lassen, mit Salz, Pfeffer und etwas Weißwein abschmecken. Getoastetes Weißbrot mit geriebenem Käse bestreuen, auf die Zwiebelsuppe geben und überbacken.
200 kcal, 7 g Eiweiß, 8 g Fett, 2 BE.

CREMESUPPE

Hierfür benötigen Sie:
1/4 l Suppe, 1 EL Fett, 1 1/2 EL Mehl, 100 g Gemüse, Salz, Muskat.

Kleingeschnittenes Gemüse ohne Kartoffeln oder nur Pilze in Fett andünsten, Mehl darüber streuen und mit Suppe ablöschen. Weichkochen, pürieren und mit Kräutern bestreut servieren.
110 kcal, 3 g Eiweiß, 5 g Fett, 1 BE.

HAFERFLOCKENSUPPE

Rösten Sie 3 EL Haferflocken in 1 EL Fett an. Mit 1/4 l entfetteter Suppe ablöschen und weich kochen. Mit Salz, Muskat und gehackter Petersilie verfeinern.
120 kcal, 3 g Eiweiß, 5 g Fett, 1 BE.

LINSENSUPPE

Man nehme:
1/2 l Wasser, 2 EL Linsen, 1 Schnitte Frühstücksspeck, 1 Lorbeerblatt, Salz, Essig.

Linsen mit Lorbeerblatt weich kochen, passieren, mit Salz, Essig und 1 Prise Pfeffer abschmecken. Den geräucherten Speck würfeln, anbraten und in die fertige Suppe geben.
160 kcal, 2 g Eiweiß, 5 g Fett, 2 BE.

‹ Champignonsuppe

Und nun noch zwei Festtagssuppen, die allen Ihren Gästen schmecken werden und von denen niemand vermuten wird, daß es sich um Diabetikersuppen handelt (Angaben für 1 Person):

NUDELSUPPE MIT HUHN

Zutaten:
50 g Hühnerfleisch ohne Haut, 1/4 l Hühnersuppe, 3 EL Suppennudeln roh, Schnittlauch.

Hühnerfleisch mit Suppengrün weich kochen. Suppennudeln in Salzwasser kochen, in die abgeschmeckte Hühnersuppe das kleingeschnittene Hühnerfleisch und die Nudeln geben. Mit Schnittlauchröllchen bestreut servieren.

130 kcal, 12 g Eiweiß, 2 g Fett, 1 BE.

SUPPE MIT ROASTBEEF

1/2 Suppenwürfel, 1/2 l Wasser, 2 Karotten, 1/2 kleine Sellerie, 150 g gekauftes oder selbst bereitetes Roastbeef.

Karotten und Sellerie in Streifen schneiden und in der Suppe weichdünsten. Ist dies geschehen, das in Streifen geschnittene Roastbeef beifügen.
Für Ihre Gäste Backerbsen oder Croutons in extra Schälchen bereitstellen.

120 kcal, 28 g Eiweiß, 16,6 g Fett.

FEINE OCHSENSCHWANZSUPPE

Bereiten Sie aus 120 g Ochsenschwanz, Suppengrün und Salz eine klare Suppe zu, die Sie mit Rotwein und 2–3 Tropfen Maggi würzen.
Das Fleisch von den Knochen lösen, in Würfel schneiden und in die Suppe geben.
Servieren Sie die Suppe Ihren Gästen mit selbstgemachten Frittaten. Sie selbst essen diese Suppe ohne Frittaten.

100 kcal, 8 g Eiweiß, 6 g Fett.

‹ Nudelsuppe mit Huhn

2. KAPITEL: WARME UND KALTE GEMÜSEGERICHTE

LINSENTOPF

Dazu brauchen Sie:
1 große Tasse Suppengrün, 1 TL Öl, 1 kleine Dose Linsen, 150 g mageres Selchfleisch, 3 TL Essig, 1 TL Kremser Senf, 1 Lorbeerblatt.

Mageres Selchfleisch kochen, und die Suppe aufheben. 1 EL Mehl bräunen.
Die Dose Linsen einrühren, das geschnittene Selchfleisch beigeben und mit Selchfleischsuppe, wenn nötig, aufgießen. Mit Senf und Essig, nach Geschmack auch mit Salz und Pfeffer würzen. Mit einer Scheibe Vollkornbrot servieren.
Diese Mengenangabe ist für 2 Portionen und enthält pro Portion:
350 kcal, 22 g Eiweiß, 13 g Fett, 2,7 BE.

KARTOFFELAUFLAUF MIT SALAT

Für 2 Portionen kochen Sie 4 normal große Kartoffeln weich und schälen diese ab. 1 Stange Lauch, 1 Zucchini, 1 Zwiebel sowie 150 g Champignons klein schneiden, in einer Pfanne mit 1 EL Öl andünsten. Eine Auflaufform mit ganz wenig Margarine ausstreichen und die in Scheiben geschnittenen Kartoffeln sowie das Gemüse schichtweise einlegen. Mit Salz und Pfeffer würzen und mit 60 g geriebenem Edamer (30% Fett in der Trockenmasse) bestreuen.
Im Backrohr ca. 15 Minuten überbacken.
400 g Tomaten mit einer Marinade aus Öl, Essig, etwas flüssiger Speisewürze, wenn gewünscht, oder flüssigem Süßstoff verfeinern und mit Schnittlauchröllchen bestreut servieren.

Wenn unerwartete Gäste angesagt sind, hier einige Rezepte die schnell zubereitet sind, bei denen Sie jedoch ohne weiteres mitessen dürfen.

BROKKOLI IN JOGHURTSAUCE

1 TK-Paket Brokkoli (300 g), in entfetteter Rindsuppe weichkochen.
In der Zwischenzeit Joghurt mit Knoblauch, 1/2 TL getrockneter Minze und etwas Pfeffer verrühren und in einer Pfanne erhitzen, bis die Sauce dick wird. Gekochten Brokkoli mit der Joghurtsauce zu Tisch bringen.
85 kcal, 9 g Eiweiß, 0,5 g Fett, 1 BE.

Gemüseplatte mit Kräutern

240 g Kartoffeln, 200 g Brokkoli, 200 g Karotten, 200 g Karfiol, 200 g Zucchini, Salz, Kerbel, Schnittlauch, Petersilie, 2 EL Butter.

Das Gemüse putzen, schneiden und dünsten. Auf einer Platte gefällig anrichten. Mit den Butterflocken und den Kräutern bestreuen.

Diese Gemüseplatte enthält pro Portion:
293 kcal, 11 g Eiweiß, 9 g Fett, 3,5 BE.

Putenkrakauer mit Gemüsetopf

Kochen Sie 1 kg 5fach-Mischgemüse noch tiefgefroren in Salzwasser weich und seihen Sie das überflüssige Gemüsewasser ab. Aufheben und einfrieren und bei einem späteren Rezept als Gemüsesuppe verwenden. 300 g Putenkrakauer kleinwürfelig schneiden und in den Gemüsetopf geben. Mit einer Scheibe Vollkornbrot serviert, reicht dieser Gemüsetopf für 2 Personen, er enthält pro Portion:

370 kcal, 26 g Eiweiß, 14 g Fett, 3 BE.

‹ Gemüseplatte mit Kräutern

*Bitte vergessen Sie nicht, ausreichend zu trinken:
mindestens 1 1/2 l pro Tag. 200 kcal jedoch keine BE haben folgende Getränke: 1 l Fruchtnektar, 2,1/2 l Light-Limonaden, 2,1/2 l Cola light oder 800 ml Eistee. Je 150 kcal haben folgende Getränkemengen: 1 l Tomatensaft, 800 ml Gemüsesaft, 750 ml Karottensaft oder 300 ml Orangensaft.*

Karfiolrohkost mit Käse und Birnen

Man nehme für 2 Personen:
300 g Karfiol, 200 g Birnen, 100 g Edamer (30% F. i. T.), 50 g Zwiebel, 250 g Magerjoghurt, Zitronensaft, Diabetikersüße, Salz, Pfeffer.

Den Karfiol in kleine Röschen teilen. Birnen raffeln, Käse nudelig schneiden und Zwiebel hacken. Alles vermengen und mit der Joghurtsauce übergießen.

Nährwerte pro Portion:
303 kcal, 22 g Eiweiß, 10 g Fett, 2 BE.

AUBERGINEN „ITALIA“

Man nehme:
1 1/4 kg Aubergine, 400 g Tomaten, 50 g Zwiebel, 1 Bund Petersilie, 1 EL Weizenvollkornmehl, 50 g Öl, 60 g Mozzarella, 5 g geriebenen Hartkäse, etwas Oregano, Pfeffer und Basilikum.

Die gewaschene, geputze Aubergine in 1 cm dicke Scheiben schneiden und mit Salz bestreuen, ca. 1/2 Stunde stehen lassen. Die Tomaten schälen, entkernen und vierteln. Die Zwiebeln fein würfeln und in einer beschichteten Pfanne ohne Fett andünsten. Die Tomaten und die grobgehackte Petersilie zufügen, ebenso Oregano und Basilikum. In der offenen Pfanne 20 Min. kochen. Die gewaschene, getrocknete Aubergine in Mehl wenden. In der beschichteten Pfanne das Öl heiß werden lassen, und die Auberginen auf beiden Seiten anbraten. Die Hälfte der Auberginen in eine Auflaufform geben, mit etwas Tomatensauce übergießen und den in Scheiben geschnittenen Mozzarella und mit der Hälfte des geriebenen Hartkäses bestreuen. Die restliche Aubergine darauflegen, obenauf mit Basilikum bestreuen, mit dem Rest der Tomatensauce abdecken und den Rest des Hartkäses darüber streuen.

Im nicht vorgeheizten Backrohr bei 180 Grad ca. 1/2 Stunde backen.
Nährwerte pro Portion:
190 kcal, 10,5 g Eiweiß, 5,5 g Fett, 2 BE.

FENCHEL IN ORANGENSAUCE

Zutaten:
1 Fenchelknolle (250 g), 1/8 l Gemüsesuppe, 1 TL Öl, 2 Knoblauchzehen, 50 ml frisch gepreßten Orangensaft, 50 ml Weißwein, etwas geriebene Orangenschale, 1 Prise Pfeffer.

Den Fenchel putzen, waschen und in einem Gemüsesud weichkochen. In der Zwischenzeit die Orangensauce zubereiten. Dafür das Öl erhitzen und darin den Knoblauch unter ständigem Rühren anbraten. Die Orangenschalen und den Orangensaft sowie den Wein dazugeben und das Gemisch bei starker Hitze einkochen lassen, sodaß eine sirupartige Sauce entsteht, dabei öfters umrühren. Die gekochte Fenchelknolle gut abtropfen lassen, in die Sauce geben und schütteln, damit das Gemüse von der Orangensauce überzogen wird. Sofort servieren.
123 kcal, 6,5 g Eiweiß, 3,5 g Fett, 1,5 BE.

❮ Gurkenschiffchen (Rezept Seite 64)

KARFIOL-BROKKOLI-GEMÜSE „GUGGI“

Man nehme:
750 g Brokkoli, 250 g Karfiol, 200 g gekochten Schinken und für die Käsesauce 50 g Butter, 30 g Mehl, 1/4 l Obers, 1/8 l Milch, 120 g geriebenen Emmentaler, Salz, Pfeffer, geriebene Muskatnuß.

Den Strunk des Karfiols herausschneiden und alle Blätter entfernen. Den Kopf in Röschen teilen, waschen und abtropfen lassen. Den Brokkoli waschen und abtropfen lassen. Blätter entfernen. Die Röschen vom dikken Strunk trennen, die Stiele etwas kürzen, kreuzweise einschneiden und die Stiele schälen. Schinken in Streifen schneiden. Salzwasser in einem Topf zum Kochen bringen und Karfiolröschen 3 Min. kochen. Dann die Brokkoliröschen zugeben und weitere 7 Min. garen. Abgießen und abtropfen lassen. Mit Obers und Milch aufgießen, ständig rühren und 3-4 Min. köcheln lassen. Den Käse unterrühren. Würzen und noch 2-3 Min. köcheln lassen. Das Gemüse in eine Auflaufform geben, mit dem Schinken bestreuen und mit der Käsesauce übergießen. Im heißen Ofen etwa 15 Min. knusprig überbacken.

❮ Kalter Teller (Rezept Seite 79)

Pro Person:
600 kcal, 35 g Eiweiß, 43 g Fett, 1,6 BE.

Bitte vergessen Sie nicht, alle Gemüserezepte sind in der Menge der Zutaten für 2 Personen berechnet. Die Kalorien- und BE- Angabe gilt jedoch immer nur für 1 Person.

Nun ist es also soweit! Hier kommen die besten Rezepte der Diabetikerküche mit Fleisch.
Auch im folgenden sind die Mengenangaben für 2 Personen berechnet. Also auf ins Vergnügen meine sehr geehrten Damen und Herren.
Zuerst etwas für heiße Tage oder eine Party, bei der Sie nicht abseits sitzen und zusehen möchten.

3. KAPITEL: FLEISCH- UND FISCHGERICHTE

APFELLEBER MIT KARTOFFELPÜREE

Für 2 Personen brauchen Sie:
200 g Kalbsleber, 1 Zwiebel, 2 TL Mehl, 1 Apfel, 2 TL Öl, 1 Pkg. Fertigpüree.

Zwiebel und Leber in einer beschichteten Pfanne mit dem geschälten, geviertelten Apfel anrösten. Mit Mehl bestäuben und mit wenig Suppe (Suppenwürfel) ablöschen. Das Kartoffelpüree mit 0,5 l Milch laut Gebrauchsanweisung zubereiten und sofort mit der Leber servieren.

Pro Person:

340 kcal, 26 g Eiweiß, 11 g Fett, 2,5 BE.

PUTEN-GESCHNETZELTES MIT REIS UND SALAT

Wieder ein Gericht für 2 Personen:
60 g Naturreis (Rohgewicht), Salz, 100 g Zucchini, 100 g Champignons, 200 g Putenschnitzel, 1 Zwiebel, 2 TL Öl, 200 g Karotten, 1 TL Senf, 1 EL Essig, Pfeffer, etwas flüssigen Süßstoff, 75 g Magerjoghurt, 1 El Rahm, Schnittlauchröllchen, etwas Paprikapulver.

Die Zucchini und die Champignons in dünne Scheiben schneiden und mit der Zwiebel und dem Fleisch im heißen Öl anbraten und dann ca. 10 Min. fertig dünsten. Mit Salz und den anderen Gewürzen abschmecken und mit Rahm binden. Reis dünsten. Die geputzten Karotten raspeln. Senf, Essig, Salz, Pfeffer, etwas Süßstoff und Joghurt verrühren und mit den Karotten mischen. Den fertigen Salat mit Schnittlauch bestreuen.

LAMMFILET IN DER FOLIE MIT KRÄUTERTOPFEN

1 TL Öl mit Thymian, Rosmarin, Knoblauch und Pfeffer verrühren. Lammfilets (2 x 120g) mit der Marinade einstreichen und etwas rasten lassen. Die marinierten Lammfilets in Folie wickeln. Im vorgeheizten Rohr mit 2 großen heurigen Kartoffeln, welche gewaschen, abgebürstet und in Folie gewickelt werden, ca. 45 Min. garen. Bereiten Sie aus 80 g Magertopfen und 1 EL Kräutern, z. B. frisches Basilikum, Majoran oder Petersilie eine Topfenmasse, welche Sie salzen und pfeffern. 100 g Fisolen brechen und in 1/2l Wasser weichdünsten, abgießen, salzen und pfeffern. Das Fleisch in der Folie sollte in der Mitte noch zartrosa sein. Filets, Folienkartoffeln, Kräutertopfen und vorgewärmte Fisolen auf einer Platte anrichten.

Je Portion:

360 kcal, 36 g Eiweiß, 12 g Fett, 2 BE.

❮ Apfelleber mit Kartoffelpüree

Im folgenden weitere Köstlichkeiten, die Ihr Partner mitgenießen kann, daher wurden die Mengenangabe für 2 Personen berechnet.

SCHINKENEIERSPEISE MIT KARTOFFELN UND PAPRIKASALAT

Ich nehme dafür:
200 g feste Kartoffeln, 1 roten und 1 grünen Paprika, 2 Schalotten, 1 EL Essig, 1 TL Senf, 1 EL frische gehackte Kräuter nach Wahl, Salz, Pfeffer, 1 Zwiebel, 2 TL Öl, 1/2 TL Kümmel, 2 Eier, 1 EL Milch 0,5%, 60 g Truthahnschinken.

Kartoffeln kochen und schälen. Für den Paprikasalat die Paprika in feine Streifen und die Schalotten in Ringe schneiden. Ein Dressing aus Senf, Essig, Öl und den Kräutern bereiten und den Salat damit marinieren. Die abgekühlten Kartoffeln in Scheiben und die Zwiebel in Ringe schneiden und in 1 TL Öl knusprig braten. Mit etwas Kümmel, Salz und Pfeffer abschmecken. Den Truthahnschinken in Würfel schneiden. Die Eier mit der Milch versprudeln und alles zusammen in einer beschichteten Pfanne stocken lassen. Mit Streuwürze abschmekken und sofort mit den Kartoffeln sowie dem Salat servieren.
Für 1 Portion rechnen Sie:
360 kcal, 18 g Eiweiß, 21 g Fett, 2 BE.

SCHWEINSKARREE MIT KOHLSPROSSEN UND SALZKARTOFFELN

Dazu nehmen Sie:
400 g Schweinskarree ohne Schwarte mit Knochen, 4 mittelgroße Kartoffeln, 1 Zwiebel, 250 g Kohlsprossen, 1/8 l Suppe (Suppenwürfel), Paprika, Pfeffer, 1 TL Öl.

Kartoffeln roh schälen und in Salzwasser weichkochen. Die Zwiebel schälen und in Ringe schneiden. In einer Rein mit Halbfettmargarine anbraten. Die Kohlsprossen beigeben, mit Suppe aufgießen und etwa 15 Min. garen. Die Karreesteaks mit Paprika und Pfeffer würzen und in einer Pfanne im Öl auf beiden Seiten ca. 5 Min. braten. Aus der Pfanne nehmen und mit Kräutersalz würzen. Pro Portion mit der Hälfte der Kartoffeln und den Kohlsprossen servieren.
Je Portion:
340 kcal, 29 g Eiweiß, 16 g Fett, 1,5 BE.

‹ Schinkeneierspeise mit Kartoffeln und Paprikasalat

KRENSAUCE MIT RINDFLEISCH UND NUDELN

500 g mageres Rindfleisch mit Wasser, 1 Zwiebel, 3 Karotten, 150 g Knollensellerie, 3 Pfefferkörnern und etwas geriebener Muskatnuß weichdünsten.
Mit etwas Maggi würzen.
Für die Sauce 1 EL Crème fraîche, 2 EL Joghurt und 2 EL geriebenen Kren vermischen.
Die Nudeln al dente (bißfest) kochen und abseihen. Das inzwischen weiche Rindfleisch in Scheiben schneiden, die Karotten passieren und zur Krensauce geben.
Alles zusammen anrichten und genießen.
Wenn Sie etwas mehr vom Rindfleisch kochen, verwenden Sie den Rest für einen Rindfleischsalat.

Je Portion:
340 kcal, 31 g Eiweiß, 15 g Fett, 1,5 g Fett, 1,5 BE.

PUTENSCHNITZEL MIT VOLLKORNREIS UND CHINAGEMÜSE

300 g tiefgekühltes Chinagemüse in 1 TL Halbfettmargarine anrösten, mit Wasser ablöschen, mit Salz und Pfeffer würzen und ca. 10 Min. gardünsten.
50 g Vollkornreis (Rohgewicht) in 100 ml Wasser einstreuen, aufwallen lassen und dann zugedeckt ausdünsten lassen.
Die Putenschnitzel mit Curry, Paprika und Pfeffer würzen. Die Schnitzel in 1 TL heißen Öl von beiden Seiten braten. Erst dann salzen.
Das restliche Öl erhitzen, den Knoblauch hineinpressen, mit dem gedünsteten Gemüse vermischen und scharf rösten. Dabei ständig umrühren, damit nichts anbrennt. Mit ein wenig gemahlenem Ingwer, Salz und Pfeffer würzen. Zusammen mit dem Fleisch und den Reis zu Tisch geben.

Für 1 Person berechnen Sie:
360 kcal, 32 g Eiweiß, 11 g Fett, 2,5 BE.

❮ Krensauce mit Rindfleisch und Nudeln

Und nun ein Gericht für Berufstätige, die nicht viel Zeit zum Kochen haben. Für nachfolgendes Menü finden Sie alles fertig bei Ihrem Kaufmann.

RINDSROULADEN MIT ERBSEN, KAROTTEN UND KARTOFFELPÜREE

2 fertige Rindsrouladen zu je 125 g, 1 kleine Dose Erbsen mit Karotten, 1 Pkg. Kartoffelpüree.

Schälen Sie 1 kleine Zwiebel und rösten Sie diese in 2 TL Öl goldbraun, auch die Rindsrouladen auf allen Seiten mitrösten, aufgießen und fertigdünsten. Die Karotten mit Erbsen abseihen und warm stellen. Aus 1 Säckchen Fertigpüree einen Kartoffelbrei bereiten. Die fertigen Rindsrouladen aus dem Saft nehmen und den Saft mit einem Gemisch aus 2 EL Sauerrahm, 1 EL Kremser Senf und einigen Tropfen Maggi würzen und in den Saft einrühren. Mit einer Zehe gepreßtem Knoblauch verfeinern. Die Rouladen wieder auflegen, einmal aufwallen lassen, mit dem warmen Gemüse und mit dem Kartoffelpüree anrichten.
Dieses schnelle Gericht hat:
370 kcal, 34 g Eiweiß, 14 g Fett, 2 BE pro Portion.

PUTEN-GESCHNETZELTES IN SENFSAUCE UND REIS

Zutaten für 2 Personen:
60 g rohen Naturreis, 150 ml Gemüsesuppe (sollte noch eingefroren sein), 200 g Putenbrust, 20 g Mehl, etwas Kräutersalz, Pfeffer, Paprikapulver edelsüß, 1 EL Butter, 50 ml Weißwein trocken, 40 g Crème fraîche, 1/2 TL frischen gehackten Estragon.

Den Reis in der Gemüsesuppe aufkochen lassen und im Backrohr fertigdünsten.
Inzwischen das saubere Putenfleisch in grobe Streifen schneiden.
Mehl mit Kräutersalz, Pfeffer und Paprika mischen. Putenfleisch darin wenden und im heißen Fett ca. 3 Min. rundum braten. Fett abgießen und den Bratrückstand mit Wein ablöschen.
Die Crème fraîche einrühren und alles zu einer molligen Sauce einkochen lassen.
Nach Geschmack würzen und mit Reis servieren.

Für 1 Person berechnen Sie:
375 kcal, 25 g Eiweiß, 12 g Fett, 2,5 BE.

❮ Putengeschnetzeltes in Senfsauce und Reis

Nun etwas für all jene, die gerne Ihren Urlaub im Ausland verbringen. Auch mit Diabetes muß man nicht auf Fernreisen verzichten. Bitte packen Sie eine Liste mit allen Medikamenten, Spritzen, Meßgerät sowie eine kleine Notfallapotheke in eine separate Tasche, falls Sie das Pech haben, daß gerade die Tasche mit den Medikamenten gestohlen wird. Es ist wichtig, sich mit den Eßgewohnheiten des Gastlandes vertraut zu machen, denn in manchen Ländern wird eine gesündere Küche geboten als bei uns. Restaurants in Mittelmeerländern bieten auf ihrer Speisekarte eine fast perfekte Diabetesdiät. Wichtig ist es natürlich, sich mit dem Kalorienwert der einzelnen Speisen bekannt zu machen, um ein perfektes Menü zu erstellen. Vergessen Sie nicht, Süßstoff mitzunehmen, da dieser nicht in allen Ländern so bekömmlich ist wie bei uns.

Nun einige Fischgerichte für 1 Person:

DORSCHFILET MIT GEMÜSE

120 g Dorschfilet auf ein Stück Alufolie legen, salzen und mit etwas Zitronensaft beträufeln. Das gewaschene, geputzte, in Würfel geschnittene Gemüse darauflegen und den Weißwein dazugeben. Die Folie gut verschließen und bei mittlerer Hitze ca. 20 Min. garen. Nach öffnen der Folie alles mit frischer Petersilie garnieren. Dazu essen Sie 2 Salzkartoffel mittlerer Größe.

167 kcal, 20 g Eiweiß, 4 g Fett, 1,5 BE.

ROTBARSCHFILET MIT REMOULADENSAUCE

1/2 kleine Zwiebel, 1/2 Gewürznelke, 1/4 Bund Schnittlauch, 25 g Magertopfen, 1 TL Sauerrahm, 1 TL Magerjoghurt, 1 TL Essig, 1/2 TL Kremser Senf, Salz und Pfeffer.

Zwiebel, Gurke und Schnittlauch klein hakken und mit Essig, Senf, Salz und Pfeffer zu einer sämigen Sauce vermischen. 150 g Rotbarschfilet waschen und mit dem Saft von 1/2 Zitrone beträufeln. Mit Salz und Pfeffer würzen. 1 TL Öl in einer Pfanne erhitzen, und den Fisch darin von beiden Seiten goldgelb braten. Mit der zweiten Hälfte der Zitrone garnieren und mit der Remoulade servieren.

300 kcal, 37 g Eiweiß, 14 g Fett, 1 BE.

❮ Dorschfilet mit Gemüse

KABELJAU IN TOMATENSAUCE MIT KRÄUTERN

Dazu brauchen Sie:
150 g Kabeljaufilet, 1 EL Öl, 1/8 l Milch 0,5 %, 100 g Tomaten, 1 TL Dille, 1 TL Schnittlauch, etwas Streuwürze, Salz, Zitrone.
Das Mehl ohne Fett leicht bräunen und mit Milch aufgießen. Die geschälten, würfelig geschnittenen Tomaten beigeben. Mit Streuwürze und Dille würzen. Die fertige Sauce mit dem Pürierstab aufschlagen. Den Fisch mit Zitrone beträufeln und in heißem Öl beidseitig braten.
290 kcal, 29 g Eiweiß, 14 g Fett, 1 BE.

Ein Rezept für Singles:

NUDELN IN SCHINKEN-SAUCE

80 g Vollkornnudeln roh, 1/8 l Milch, 1 EL Einbrenn, 50 g Schinken, 1 EL Kräutermischung (TK), Streuwürze, Knoblauch, Parmesan.
Die Milch erhitzen, die Einbrenn einrühren und aufkochen lassen. Den in Streifen geschnittenen Schinken und die Kräuter dazugeben und abschmecken. Die fertige Sauce über die gekochten Nudeln geben, mit Parmesan bestreuen und sofort servieren.
495 kcal, 27 g Eiweiß, 18 g Fett, 4,5 BE.

SALAT AUS AVOCADO UND TRUTHAHN

Bitte nehmen Sie für diesen köstlichen Salat:
200 g Truthahnbrust, 1 TL Öl, 130 g Avocado, 1 Radicchio, 75 g Orange, 1 EL Cognac, 1/2 TL Zuckeraustauschstoff, 1 TL Erdnußkerne, etwas Pfeffer, Zitronensaft und Rosmarin.

Das Putenfleisch in Streifen schneiden und in wenig Öl rasch anbraten. Mit Pfeffer und Rosmarin würzen. Anschließend das Fleisch abkühlen lassen.
Die Avocado hauchdünn abschälen, halbieren und den Kern entfernen. Das Avocadofleisch in Spalten schneiden und mit Zitronensaft beträufeln.
Den Radicchio waschen und zerteilen, anschließend die Blätter zerkleinern. Aus Orangensaft, Cognac, Zuckeraustauschstoff und Pfeffer eine Salatmarinade bereiten.
Die Fleischstreifen, die Avocadospalten und den Radicchio daruntermischen. Mit gesalzenen, gehackten Erdnußkernen bestreuen und servieren.

Nährwerte pro Portion:
270,5 kcal, 20,5 g Eiweiß, 16 g Fett, 0,8 BE.

‹ Nudeln in Schinkensauce

Wildgeschnetzeltes mit Preiselbeeren und Salzkartoffeln

Zutaten:
200 g mageres Wildfleisch, 1 TL Öl, 50 g Diabetiker-Preiselbeerenkompott, 1 TL Kaffeeobers, 50 g Gewürzgurkerln, 2 EL Sauerrahm, Pfeffer, Salz, Koriander, 1 Lorbeerblatt und 1 Prise Rosmarin.

Das Wild in Streifen schneiden und in heißem Öl rasch anbraten, die Preiselbeeren untermengen.
Das Kaffeeobers bis auf 1 TL zugeben, mit Salz, Pfeffer und den anderen Gewürzen abschmecken und in einem Topf mit Deckel 10 Min. schmoren lassen.
Die Gewürzgurkerln in Streifen schneiden und zum Fleisch geben. Nochmals abschmecken.
Das Geschnetzelte mit den restlichen Preiselbeeren und dem Sauerrahm garnieren und zu Tisch bringen.
Dazu gibt es 2 kleinere Salzkartoffeln.

Nährwerte pro Portion:
383,5 kcal, 24 g Eiweiß, 12 g Fett, 3,4 BE.

Rindfleischsalat

100 g Rindfleisch gekocht, 100 g grüne Paprika, 50 g Champignons, 10 g Öl, 75 g Roggenbrot, Birnenkompott zuckerfrei konserviert, je 1 EL gehackte Zwiebel, Kapern und Gewürzgurkerln, Essig, Salz, Pfeffer, Senf, Tomatenmark, Tabasco, Kräuter, Öl.

Paprikaschoten blanchieren, in Streifen schneiden.
Das gekochte Rindfleisch ebenfalls klein schneiden, Champignons blättrig schneiden, je 1 EL gehackte Zwiebel, Kapern und Gewürzgurkerln dazugeben.
In einer Marinade aus Essig, Salz, Pfeffer, Senf, Tomatenmark, Tabasco, Kräutern und Öl zubereiten und durchziehen lassen.
Servieren Sie als Nachtisch ein Kompott aus zuckerlosen Früchten.

520 kcal, 32 g Eiweiß, 16 g Fett, 4 BE.

Dieser Rindfleischsalat ergibt mit Birnenkompott ein Abendbrot, das für schwüle Sommerabende ideal ist und der ganzen Familie schmeckt.

❮ Rindfleischsalat

SCHWEINSFILET MIT ROTWEIN-ZWIEBEL-SAUCE UND TEIGWAREN

Man nehme:

150 g Zwiebeln, 10 g Butter oder Margarine, 1/4 l Rotwein, 1 Tbl. Süßstoff, Salz, 220 g Schweinsfilet, 1 TL Öl, Pfeffer, einige grüne Pfefferkörner, 1 Lorbeerblatt, etwas Rosmarin.

Die in Scheiben geschnittene Zwiebel in heißer Butter glasig dünsten, mit Rotwein aufgießen und die Gewürze mit Ausnahme von Pfeffer dazugeben. Im offenen Topf sämig einkochen lassen, abschmecken und warm stellen. Das Schweinsfilet in Scheiben schneiden, mit Öl und Pfeffer einreiben und in einer Pfanne oder unter dem Grill rasch anbraten. Mit der Zwiebelsauce und den gekochten Teigwaren anrichten. Je Portion rechnen Sie 3 EL gekochte Teigwaren.

SCHWEINSKOTELETT MIT LETSCHOGEMÜSE UND VOLLKORNBROT

Bitte nehmen Sie:

180 g Schweinskotelett mit Knochen, 1 EL Öl, 1 grünen Paprika, 1 Zwiebel, 2 Tomaten, Salz, Pfeffer, 1 Knoblauchzehe.

Fleisch in Öl anbraten und anschließend aus der Pfanne nehmen.

Die kleingeschnittene Zwiebel sowie den in Streifen geschnittenen Paprika im Bratenrückstand anrösten.

Die geschälten zerkleinerten Tomaten dazugeben und kurz aufkochen lassen.

Anschließend das Fleisch zugeben und fertig dünsten.

Als Beilage eine Scheibe Vollkornbrot servieren.

400 kcal, 29 g Eiweiß, 27 g Fett, 2,5 BE.

HÜHNERKEULE MIT KARFIOL UND KARTOFFELN

Nehmen Sie:

220 g Hühnerkeule, Salz, Pfeffer, Curry, 200 g Karfiol, 5 g Butter, 2 kleine Kartoffeln, Petersilie.

Hühnerkeule würzen und ohne Fett garen.

Karfiol in wenig Wasser weich kochen.

Kartoffeln dämpfen und mit gehackter Petersilie bestreuen.

Butter zerlassen und über den Karfiol gießen.

Noch heiß servieren.

423 kcal, 28 g Eiweiß, 23 g Fett, 2 BE.

❮ Hühnerkeule mit Karfiol und Kartoffeln

RINDSSCHNITZEL MIT SENFSAUCE UND NOCKERLN

Kaufen Sie dafür:
120 g Rindsschnitzel, 1 EL Öl, 1 große Zwiebel, Kräutersalz, Pfeffer, 1 Knoblauchzehe, 1 TL Senf, 1 EL Sauerrahm, 1/2 TL Maizena.

Das Fleisch im Öl rasch anbraten und dann aus der Pfanne nehmen. Im Bratenrückstand die Zwiebel rösten und mit entfetteter Suppe aufgießen. Senf und Knoblauch dazugeben und dünsten lassen. Den Sauerrahm mit Maizena versprudeln und zu dem fertig gedünsteten Fleisch geben. Noch einmal kurz aufkochen lassen und mit 100 g gekochten Nockerln servieren.
526 kcal, 20 g Eiweiß, 22 g Fett, 3 BE.

SELCHKARREE MIT KARTOFFELPÜREE UND SALAT

100 g mageres Selchkarree, 160 g Kartoffeln oder 3 EL fertiges Püree, 70 g Magermilch, Salz, Muskat, 100 g roter Rüben-Salat aus dem Glas.

Geschnittene Kartoffeln in Salzwasser weichkochen, passieren, mit gekochter Milch vermischen und abschmecken.
Selchkarree kochen und mit Püree anrichten.
418 kcal, 29 g Eiweiß, 10 g Fett, 3,6 BE.

KRABBEN-REIS-SALAT

Nehmen Sie bitte:
35 g Naturreis, Salz, 1 Mandarine, 1 EL Obstessig, 1 EL Distelöl, 50 g Krabben, 3–4 Salatblätter, 1 Stück Vollkornweckerl.

Naturreis in kochendem Salzwasser garen. Mandarine schälen, in Spalten teilen und die Haut entfernen.
Obstessig, 2 EL Wasser und Öl verrühren. Reis über einem Sieb abgießen, mit kaltem Wasser abspülen und abtropfen lassen. Reis, Mandarine, Krabben und Marinade mischen und auf Salatblättern anrichten. Essen Sie dazu ein Vollkornweckerl.

343 kcal, 14,2 g Eiweiß, 13 g Fett, 3,2 BE.

4. KAPITEL: MEHLSPEISEN

Wußten Sie, daß schon Hippokrates - der berühmte griechische Arzt - erkannte, wenn jemand an Diabetes mellitus (altgriechisch für Süßer Durchgang) litt? Und zwar anhand der Urinreste, um die sich beim Zuckerkranken viele Wespen und Bienen sammelten. Aber nun nach unserem Ausflug in das Altertum zurück in unsere Küche. Hier gibt es jetzt süße Köstlichkeiten für Diabetiker.

TOPFENTASCHERLN MIT MARILLEN-KOMPOTT

Zutaten für 4 Personen.
Bereiten Sie einen Teig aus 120 g Mehl, 2 Eiern, 1 EL Öl und einer Prise Salz, den Sie in eine Folie wickeln und 1 Stunde rasten lassen. 500 g Marillen waschen, entsteinen und in Spalten schneiden. 1/4 l Wasser mit Zimt und Sternanis aufkochen. Marillen darin 5 Min. dünsten und mit Flüssigsüßstoff abschmecken. 125 g Magertopfen mit Süßstoff, 2 EL Puddingpulver Vanille, 1 EL der abgeriebenen Schale von 1/2 unbehandelten Orange verrühren. Teig auf einer bemehlten Fläche sehr dünn ausrollen und Kreise von ca. 10 cm Durchmesser ausstechen. Mit 1 TL Topfenmischung füllen und die Teigränder fest zusammen drücken. Die Tascherln in kochendem Wasser 10 Min. ziehen lassen, herausheben und mit dem Marillenkompott servieren.

307 kcal, 12,8 g Eiweiß, 6,9 g Fett, 3,6 BE je Portion.

KIWICREME

Für 2 Portionen benötigen Sie:
130 g Magertopfen, 60 g Magerjoghurt, 1 EL Diabetiker-Streusüße, Zitronensaft, 180 g Kiwi.

Topfen mit Joghurt, Diabetikerzucker und Zitronensaft schaumig rühren, Kiwi schälen und passieren, dazugeben und in Dessertschalen anrichten. Mit einer Kiwischeibe garnieren.

Je Portion:
117 kcal, 12 g Eiweiß, 1 g Fett, 1 BE.

KIWIKALTSCHALE

Zutaten für 4 Personen:
1/8 l Milch, 50 g Grieß, 1 Ei, flüssigen Süßstoff nach Geschmack, 1 Msp. Safran, 2 EL gehackte Pistazien, 1 EL Kirschenmarmelade für Diabetiker, 15 Kiwis, 0,7 l Mineralwasser.

Milch aufkochen, Grieß zufügen und quellen lassen. Dann in eine Schüssel geben, Ei und Süßstoff unterrühren. Grießmasse dritteln und unter je ein Drittel Safran, Pistazien und Marmelade heben. Mit einem Teelöffel kleine Nockerln abstechen und in siedendem Wasser 5 Min. garen. Vorsichtig aus dem Wasser heben, abtropfen und abkühlen lassen. Kiwis schälen, klein schneiden und mit Mineralwasser im Mixer pürieren. Durch ein Sieb streichen und mit Süßstoff abschmecken. Kiwi-Mus auf 4 tiefe Teller verteilen und die Nockerln dekorativ darauf anrichten.
Pro Portion:
222 kcal, 6,9 g Eiweiß, 6,5 g Fett, 2,4 BE.

HIMBEERKALTSCHALE

Für 2 Personen nehmen Sie:
300 g Himbeeren, 1/4 l Apfelsaft, 1 TL Maizena, flüssige Diabetikersüße, 1 Eiklar, 1 EL Diabetikersüße.

Himbeeren putzen und waschen, 2 EL Apfelsaft beiseite stellen, den Rest mit den Himbeeren aufkochen. Beeren pürieren und durch ein Sieb streichen. Speisestärke mit dem restlichen Apfelsaft glattrühren. Himbeermus aufkochen, mit der Stärke binden, mit flüssigem Süßstoff abschmecken und in 2 tiefen Tellern erkalten lassen. Eiklar mit 1 EL Süßstoff steif schlagen. In einem breiten Topf Wasser zum Sieden bringen, mit einem Teelöffel Eiweißnockerln abstechen und zugedeckt 5 Min. ziehen lassen. Die Schneenockerln auf der Himbeerkaltschale anrichten.

Pro Portion:
66 kcal, 1,9 g Eiweiß, 0,4 g Fett, 1,2 BE.

LEBKUCHENTORTE „GUGGI“

Nehmen Sie dazu:
250 g Butter oder Margarine, 200 g Diabetiker-Süße, 6 Eier, 500 g Vollkornmehl, 1 P Backpulver, 1 Sackerl Lebkuchengewürze, 14 Blatt rohe Gelatine, 1/2 l roter Diättraubentrunk, 2 TL flüssigen Süßstoff, 200 g Schlagobers, 75 g Mandelspäne, 300 g Mascarpone, Zimt zum Bestäuben.
Butter oder Margarine mit Diabetikersüße schaumig rühren. Eier zufügen. Mehl, Backpulver und Lebkuchengewürz unterrühren. In eine gefettete Springform füllen und im

vorgeheizten Backrohr bei 200 Grad oder Gasstufe 3 ca. 1 Stunde backen. Gelatine einweichen.
Traubentrunk mit 1/2 l Wasser und 1/2 TL Süßstoff verrühren. Eingeweichte Gelatine naß bei milder Hitze auflösen und in den Traubensaft rühren. 400 ml davon in eine flache Schale gießen, den Rest in eine Schüssel füllen. Obers sehr steif schlagen und unter den gelierenden Saft in der Schüssel rühren. Tortenboden einmal auseinanderschneiden, um den Boden einen Ring legen und die Oberscreme daraufgeben. Mit dem zweiten Boden abdecken und für 1 Stunde in den Kühlschrank stellen. Mandeln in der trockenen Pfanne goldgelb rösten. Tortenring entfernen, Mascarpone mit dem restlichen Süßstoff verrühren, um die Torte mit der Hälfte der Creme bestreichen. Restliche Creme in einen Spritzbeutel mit Sternhülle füllen und ein Gitter auf die Torte spritzen. Das Gelierte in der Schale hacken und in die Zwischenräume des Gitters füllen. Die gerösteten Mandeln an den Tortenrand streuen. Torte mit Zimt bestäuben.
Diese Torte ist für 16 Portionen berechnet.

Die Torte enthält pro Stück:
475 kcal, 9,7 g Eiweiß, 31,9 g Fett, 3,2 BE.

TOPFENAUFLAUF „GUGGI"

Für 4 Personen nehmen Sie:
100 g Weißbrot, 1 TL Öl, 200 ml Magermilch, etwas Zimt, Zitronensaft, 1 EL Süßstoff, 4 Eiklar, 250 g Topfen.
Weißbrot in Wasser einweichen, ausdrükken und zerpflücken. Magertopfen und Magermilch verrühren, mit Süßstoff und Zitronensaft abschmecken. Eiklar steif schlagen und alle Zutaten vermengen. Nach Geschmack mit Zimtpulver würzen. Eine Auflaufform mit Öl auspinseln. Die Masse einfüllen, glatt streichen und bei guter Hitze 1 Stunde lang backen. Als Beilage empfehle ich Kompott.
195 kcal, 23 g Eiweiß, 2 g Fett, 1,5 BE.

BANANENKUCHEN MIT NÜSSEN

200 g Weizenvollkornmehl, 1 TL Backpulver, 50 g Margarine, 50 g Diabetiker-Honig, 1 Ei, 5 EL Milch, 400 g Bananen, 25 g gehackte Walnüsse.
Die Margarine mit dem Honig schaumig rühren. Das Mehl mit dem Backpulver vermischen. Die Bananen in Stücke schneiden, mit dem Ei und der Milch gut verschlagen.

Nun das Mehl abwechselnd mit der Bananen-Ei-Milch-Mischung zum Abtrieb geben und zu einem geschmeidigen Teig verarbeiten. Zum Schluß die Nüsse unterheben. Den Teig in eine vorbereitete Kastenform füllen und im vorgeheizten Backofen bei ca. 180 Grad backen. Nach einer Backzeit von einer Stunde auf einem Gitterrost auskühlen lassen. Der Kuchen ergibt 12 Portionen. Je Portion:

160 kcal, 3,5 g Eiweiß, 6 g Fett, 2 BE.

HEIDELBEER-MARMELADE FÜR DIABETIKER

Nehmen Sie für diese Köstlichkeit:
500 g Diabetikerzucker, 5 EL Gelierhilfe (z.B. Opetka).
Die Heidelbeeren von allen Unreinheiten befreien und zerdrücken.
Den Heidelbeerbrei und den Diabetikerzucker zum Kochen bringen und nach etwa 4 Min. die Gelierhilfe hinzugeben. Nach nochmaligem Aufwallen ist die Marmelade fertig und einfüllbereit.
Verwenden Sie nur saubere, kleine Gläser, die Sie vor dem Befüllen heiß ausspülen. 1 TL dieser Marmelade entspricht dem einer normalen Diätmarmelade, nur schmeckt sie viel besser.

Ich weiß nicht, wie es Ihnen geht, sehr geehrte Leserinnen und Leser, aber ich benötige kein kleines Schlückchen, um in Stimmung zu kommen. Ich habe nie Alkohol getrunken, obwohl ich so viele Jahre Wirtin war. Mein Mundwerk und mein Humor haben mir aus den schwierigsten Situationen herausgeholfen. So gab es nicht wenige, die mir sagten: „Mein Gott bist du dick!“ Meine Antwort war meist: „Trotzdem bin ich süßer als du“. Damit konnten die wenigsten Leute etwas anfangen, und ich hatte meine Ruhe. Heute, da ich soviel abgenommen habe und lächelnd auf einige meiner „besten Freundinnen“ blicke, die jetzt im Alter auch so an die 80 Kilogramm auf die Waage bringen und mir nicht glauben, daß es nur von mir selbst abhing, ob ich wieder Menschen zum Lachen bringen würde oder ob ich Hans Albers auf Wolke 7 Gesellschaft leisten müßte, habe ich mir geschworen: „Jetzt erst recht“. Und Sie sehen bzw. lesen, ich habe es geschafft. Bei jeder Kleidergröße (ich hatte Konfektionsgröße 62, nächste Größe Hauszelt), die mir abging, ging ein neues Garderobestück auf, als Belohnung. Heute bin ich bei Konfektionsgröße 48, und mein Mann bereitet sich schon seelisch auf ein neues Kleidungsstück vor. Apropos Mann, ohne den guten Zuspruch meines Mannes hätte ich es nicht geschafft. Er hat sich tapfer mit mir durch all das Gemüse und Grünfutter durchgegessen und auch alle meine Diabetikerkochtips, die ich ausprobierte, ohne Murren verzehrt. Ein wahrhaft tapferer Held! Nun sehe ich vor mir, wie Sie schmunzeln. Es ist mir also gelungen, Sie zum Lächeln zu bringen. Das freut mich, denn nichts ist wichtiger. Nicht der ewige Blick zurück verschönt unser Alter, sondern die Gedanken an die Zukunft sind es, die uns Lebensmut geben – und dazu gehört auch das Lachen.

KLEINES GEWÜRZ-ABC

ANIS

Anis stammt aus dem östlichen Mittelmeerraum, wächst aber auch bei uns.
Die süß-würzigen Früchte erhalten Sie ganz oder gemahlen.
Probieren Sie Anis in folgenden Gerichten: Rotkraut, Kürbis, Apfelkompott, Obstsuppe, Pflaumen- und Birnenkompott, Gebäck.

BASILIKUM

Über Südasien, Indien und Persien zu uns gekommen, läßt sich diese Pflanze sogar im Blumentopf bei uns ziehen.
Als Würze eignen sich Blätter und Samen. Es paßt zu Weißkraut, Erbsen, Gurken, Tomaten und allen Eintopfgerichten, zu Schwein, Hammel, Fisch sowie zur Bereitung von Kräuterbutter.

BEIFUSS

Dieses Gewürz, das bei uns beheimatet ist, riecht recht würzig und schmeckt auch so, hat aber einen bitteren Nachgeschmack.
Zum Würzen werden Blätter und Wurzeln genommen.
Beifuß gibt es geschnitten oder pulverisiert im Handel.
Er wirkt neutralisierend in fetten Speisen, fördert die Fettverdauung, eignet sich für die Diätküche und wirkt krampfstillend und schweißtreibend.

DILLKRAUT

Der Dill kam aus Südeuropa in unsere Gärten.
Blätter und Samen verwendet man frisch oder getrocknet für Kohlrüben, Bohnen, Gurken, Karfiolsuppen, Fisch und als Einlegegewürz zu Rind und Hühnerfleisch. Als Hausmittel hilft Dill (aufgegossene Dillblätter) bei Blähungen und Schlaflosigkeit.

ESTRAGON

Kommt ursprünglich aus Sibirien, wächst aber auch bei uns im Garten.
Zum Würzen nehmen Sie die Blätter- und Blütenspitzen.
Estragon würzt Karotten, Linsen, Spargel, Fisch und Sauce hollandaise. Bitte sparsam verwenden!

FENCHEL

Schon die Griechen und Römer wußten den lieblichen Geschmack von Fenchel zu schätzen.
In Südeuropa wird er wildwachsend gefunden. Fenchel gehört in Gemüse oder Salate aus Gurken und Sauerkraut und ist das ideale Karpfengewürz. Als Tee hilft er bei Migräne, Blähungen und Magenkrämpfen.

GEWÜRZNELKE

Zärtliche Namen ranken sich um diese duftende, feurig schmeckende Gewürzpflanze, z. B.: Nagerl, Näglein oder Nelkchen.
Die Heimat der Näglein sind die Molukken und Madagaskar.
Der immergrüne Nelkenbaum wird zwischen 12 und 20 Meter hoch. Gewürznelken passen in alle Kompotte, aber auch in Kalbsragout, Huhn und gedünsteten Fisch.
Die ätherischen Öle der Gewürznelke stärken den Magen, das Gefäßsystem und die Nerven.

INGWER

Wie viele Gewürze spielte auch der Ingwer im Handelswesen des Mittelalters eine große Rolle.
Seit dem 16. Jahrhundert unter dem Namen Ingwer bekannt, kommt der Wurzelstock aus Japan, China, Indien und Afrika.
Er paßt in Zwiebel-, Bohnen- und Kartoffelsuppen, in verschiedene Süßspeisen, Gebäck, Wildbeize, Schweine- und Hühnerfleisch.
In England wird Ingwer auch zur Herstellung von Bier verwendet (Ginger Ale).

KARDAMOM

Kardamom wurde schon im Altertum von den Griechen als Würz- und Heilpflanze geschätzt.
Er paßt zu Backwaren, Lebkuchen, Obstspeisen, in Beizen und Marinaden. Seine Heimat ist unter anderem Guatemala.

KNOBLAUCH

Knoblauch kommt ursprünglich aus Ägypten und sollte, wenn er geschmacksintensiv sein soll, immer erst den fertigen Speisen zugefügt werden.
Z. B. Spinat, allen Eintopfgerichten oder Hammel-, Kalb-, Wild- und Schweinefleisch.
Knoblauch regt die Leber- und Gallentätigkeit an und erhöht die Durchblutung.
Er entgiftet auch das Blut.

LIEBSTÖCKL

Liebstöckl oder Maggikraut kommt aus Ligurien.
Man verwendet die ganze Pflanze. Stengel und Blätter passen frisch oder getrocknet zu Gemüse aller Art, Suppen, Rind- und Hammelfleisch sowie Kräuterbutter. Der Absud der Liebstockwurzel ist ein altes Hausmittel bei Nikotin- und Alkoholvergiftungen.

SAFRAN

Safran kommt aus dem Morgenland und stammt aus den Samenfäden einer asiatischen Krokuspflanze.

Es ist das teuerste Gewürz der Welt, und man verwendet es für Suppen, Spargel, Lamm und Rindsragout.

Geben Sie Safran auch in Kuchen und Kekse.

Im Kochbuch meiner Großmutter steht: „Der Safran in den Speisen bekommt wohl dem Magen, fördert die Verdauung und stärket alle innerlichen Teile, doch soll man ihn mit Mäßigkeit genießen."

THYMIAN

Thymian kommt aus dem Mittelmeergebiet und wächst auch bei uns im Garten. Es dient als vielseitiges Gewürz, ist jedoch auch als Arzneipflanze unübertroffen und hilft bei Magenverschleimungen, Magenbrennen und Leberbeschwerden.

Bei Husten wirkt es krampflösend und schmerzlindernd.

Bitte nur kurz überbrühen!

Geben Sie Thymian ins Badewasser, es duftet aromatisch und erfrischt.

Vielleicht hat Ihnen das kleine Gewürzlexikon einige Anregungen dazu gegeben, Ihr spezielles Kräutersalz selbst zuzubereiten?

5. KAPITEL: GETRÄNKE UND ANDERE FLÜSSIGKEITEN

Kaffeeliebhaber und -liebhaberinnen wird das folgende Rezept bestimmt erfreuen:

MOKKAMILCH

0,2 l Magermilch, 2 TL Pulverkaffee, Süßstoff, 1 EL Schlagobers.

Die Milch mit Pulverkaffee und Süßstoff mit dem Schneebesen gut durchschlagen. Mit dem steif geschlagenen Obers vermischen und in ein geeistes Glas geben.

200 kcal, 0,7 BE.

VITAMINCOCKTAIL

Dieses Rezept ist für 2 Personen berechnet. 2 mittelgroße, noch junge Karotten, 1 Stange Sellerie, 1 TL Zitronensaft, 1 TL Diabetiker-Honig, 250 g Buttermilch, Kräutersalz, Pfeffer, einige Sellerieblätter.

Den Stangensellerie und die Karotten klein schneiden.
Mit Zitronensaft, Honig und der Hälfte der Buttermilch so lange durchmixen, bis ein Püree entsteht.
Nun die restliche Buttermilch mit dem Brei nochmals gut durchmixen.
Alles mit Kräutersalz und weißem Pfeffer pikant abschmecken. In 2 Gläser füllen und mit dem Selleriegrün dekorieren.

Je Portion:
75 kcal, 5 g Eiweiß, 1 g Fett, 1 BE.

FEIGENMILCH

Vermischen Sie 250 ml Milch 0,5 % mit 10g getrockneten Feigen und pürieren Sie alles, dann streuen Sie 10 g Weizenflocken in das Milch - Feigen - Gemisch und lassen alles 2 Min. quellen.
Dieses Getränk eignet sich vorzüglich als Zwischenmahlzeit.

100 kcal, 5 g Eiweiß, 5 g Fett, 1 BE.

❮ Mokkamilch

Und nun noch ein kleiner Tip:
Bereiten Sie Ihren eigenen Essig zu - er ist preiswert und äußerst schmackhaft.

WEINESSIG

Kaufen Sie in der Apotheke oder im Reformhaus 1 Flasche Essigessenz zum Bereiten Ihres Lieblingsessigs.
Essigessenz ist reine neutrale Essigsäure mit konstant 25% Säurekonzentration. Zum Vergleich: Handelsüblicher Essig hat zwischen 5 und 10% Essigsäure.
Nehmen Sie:
1/8 l Rot- oder Weißwein oder Sherry dry und mischen Sie ihn mit 1 EL Essigessenz und 2/8 l abgekochtem Wasser.
Diese Mischung ergibt 3/8 l wunderbaren Weinessig.

KNOBLAUCH-BEAUJOLAIS-ESSIG

Zutaten für 1 Flasche:
Je 1 Zweig Basilikum, Estragon und Zitronenmelisse. 1 Lorbeerblatt, 1/2 l Beaujolais, 1 EL grob zerstoßene Pfefferkörner, 6 Knoblauchzehen, 4 EL Essigessenz.
Die Kräuter 2 Tage lang antrocknen lassen. Mit dem Lorbeerblatt, dem Wein und den Pfefferkörnern in eine weithalsige Flasche geben. Die Knoblauchzehen schälen, halbieren und hinzugeben.
Flaschen verkorken und 3 Wochen ziehen lassen.
Durch ein Sieb streichen, in eine andere Flasche seihen und bis zum Verwenden luftdicht verschließen.
Dunkel gelagert hält dieser Essig 1 Jahr.

HIMBEERESSIG

Für 1 Flasche brauchen Sie:
150 g frische oder gefrorene Himbeeren, 0,3 l selbstgemachten Weißweinessig sowie 0,3 l Riesling.
Die Himbeeren putzen, nicht waschen.
Wenn die Himbeeren gefroren sind, unaufgetaut mit dem Weinessig und dem Weißwein in eine weithalsige Flasche geben und, mit einem Mulltuch bedeckt, 1 Woche stehen lassen.
Dann probieren Sie, ob der Wein schon zu Essig geworden ist, bzw., wie scharf die rosa Flüssigkeit schmeckt. Den rosafarbenen, duftenden Essig abseihen und luftdicht verkorken.

Auf die gleiche Art kann man auch andere Essigarten herstellen. Vielleicht haben Sie damit die Anregung zu einem neuen Hobby erhalten. Vergessen Sie aber nicht, genug Bewegung zu machen und viel zu trinken, damit Ihre Nieren auch arbeiten können.

Nun möchte ich Ihnen verschiedene Tagesmenüpläne zusammenstellen, ehe ich Ihnen delikate Zwischenmahlzeiten biete. Ich spreche nicht gern von Mittag- und Abendmahlzeiten, da Sie ja im Rahmen Ihres Tagesmenüplans alle Mahlzeiten wahlweise austauschen können.

TAGESMENÜPLAN 1

Kaffee oder Tee mit Süßstoff, Zitrone oder 0,5 % Milch.
Dazu bereiten Sie ein Haferflockenmüsli aus 1 EL Zitronensaft, 1/2 Becher Joghurt 1%, 2 EL Haferflocken, 80 g geriebener Birne sowie 2 Tropfen flüssigem Süßstoff.
170 kcal, 10 g Eiweiß, 2 g Fett, 2 BE.

Als Zwischenmahlzeit bereiten Sie eine Semmel mit 30 g Schinken ohne Fettrand zu. Diese Jause hat:
160 kcal, 8 g Eiweiß, 2 g Fett, 2 BE.

Kochen Sie zu Mittag eine Frühlingssuppe, wie im Vorkapitel beschrieben. Bereiten Sie die doppelte Menge, und essen Sie eine Portion vor dem Hauptgericht, die zweite Portion als Spätmahlzeit, damit Sie nicht mit knurrenden Magen zu Bett gehen. Diese Suppe hat nur 35 kcal pro Portion.

Nun zum eigentlichen Hauptgericht:

HÜHNERBRUST IN WEISSWEIN MIT REIS UND TOMATENSAFT

Kaufen Sie für 1 Portion:
175 g Hühnerbrust, 5 g Fett, 30 g rohen Reis, 150 g Tomaten, etwas gehackte Zwiebel, Salz, Pfeffer, Schnittlauch.

Hühnerbrust in Fett anbraten, mit etwas Weißwein aufgießen und weichdünsten. Die Sauce mit Salz, Pfeffer und 1 EL Sauerrahm abschmecken.
Reis mit reichlich gehackter Petersilie zubereiten. Tomaten schneiden und mit einem Dressing aus gehackter Zwiebel, 1/2 TL Salz, etwas Pfeffer und Schnittlauch übergießen.

510 kcal, 21 g Eiweiß, 17 g Fett, 3 BE.

Als Zwischenmahlzeit ist ein mittelgroßer Apfel geeignet:
65 kcal, 1 BE.

‹ Hühnerbrust in Weisswein mit Reis und Tomatensaft

GARNIERTER WURST-SALAT MIT VOLLKORN-BROT

100 g Putenbrust bis 10 % Fettgehalt, 50 g Essiggurkerl, 50 g Tomaten, 50 g Paprika, 50 g Zwiebeln, 5 g Öl, 1 Scheibe Vollkornbrot.

Putenbrust, Essiggurkerl, Tomaten, 1/2 grünen Paprika und Zwiebeln klein schneiden und in einer Marinade aus Öl, Salz, etwas Senf und frischen Kräutern bereiten.
Als Nachtisch 1/2 Becher Magerjoghurt.

Dieses Nachtmahl enthält:
440 kcal, 21 g Eiweiß, 17 g Fett, 3 BE.

Natürlich können Sie die beiden Hauptmahlzeiten auch austauschen, denn an warmen Sommertagen werden Sie sich zu Mittag mit dem Wurstsalat wohler fühlen und dafür auf ein warmes Abendessen Wert legen.

Dieser Tagesmenüplan hat
1415 kcal und 11 BE.

TAGESMENÜPLAN 2

MÜSLI UND GURKENBROT

Nehmen Sie:
50 g Beerenobst (auch tiefgefroren), 20 g Vollkorn-Flakes, 100 g Joghurt 1 %, 1 TL Weizenkleie, 1 Scheibe Knäckebrot, 5 g Butter, 40 g Salatgurke, Salz und Pfeffer.

Flakes mit Joghurt, Weizenkleie und Beerenobst verrühren.
Knäckebrot mit Butter bestreichen. Salatgurke waschen, in Scheiben schneiden und auf das Brot legen.
Mit Salz und Pfeffer würzen.

APFEL-EISTEE

1 TL Schwarztee mit 200 ml kochendem Wasser übergießen, 3 Minuten ziehen lassen und abseihen.
Nach dem Erkalten mit Süßstoff süßen.
125 g Äpfel waschen und in Spalten schneiden.
Mit Eiswürfeln in ein Glas geben und mit Tee auffüllen.

STEAK MIT GEMÜSEREIS

Dazu benötigen Sie:
30 g rohen Naturreis, 100 g Fenchel, 50 g Karotten, 2 Tomaten, 50 ml Suppe, 125 g Rinderfilet, Salz, Pfeffer, 100 ml frischen Karottensaft.

Den Naturreis in reichlich Wasser mit Salz ca. 30 Min. garen.
Fenchel waschen, putzen, die äußere Schale ablösen und beiseite stellen, den Rest würfeln. Fenchel, Karotten und Tomatenwürfel in heißer Suppe 10 Min. dünsten.
Rindsfilet waschen, trockentupfen und in einer beschichteten Pfanne von beiden Seiten je 4 Min. braten.
Die übrige Tomate kreuzweise einschneiden und 3–4 Minuten grillen. Mit Salz und Pfeffer würzen.
Den Reis abtropfen lassen, mit den Gemüsewürfeln mischen und in die Fenchelschale füllen.
Den Gemüsereis mit Steak und Tomate anrichten. Dazu Karottensaft trinken.

Bitte vergessen Sie nicht, täglich ein Stück Obst zu essen, heute eine Nektarine.

THUNFISCH-TOAST

50 g Thunfisch naturell, 1 EL Magerjoghurt, 20 g Erbsen, 40 g Vollkorntoast, 2 Salatblätter, 1 Tomate, Salz und Pfeffer.

Den Thunfisch abtropfen lassen.
Für die Sauce Joghurt mit 1 TL Tomatenmark, Salz, Pfeffer und Erbsen verrühren.
Auf das getoastete Brot Salatblätter, Thunfisch und die Sauce geben.
Tomate dazu reichen.

Dieser Tagesplan enthält:
927 kcal, 65,6 g Eiweiß, 31,9 g Fett, 9,8 BE.

Haben Sie heute schon ausreichend getrunken? Bitte nicht auf Ihren Kaffee oder Tee verzichten.

TAGESMENÜPLAN 3

VOLLKORNWECKERL MIT DIABETIKER-MARMELADE

1 Vollkornweckerl halbieren und mit 5 g Butter, die man mit 15 g Magertopfen vermischt, bestreichen.
Darüber 1 TL Diabetikermarmelade nach Wahl geben.
1/2 Grapefruit dazu essen. Tee oder Kaffee mit 0,5 % Milch bzw. Zitrone sowie Süßstoff trinken.

HIMBEERMIX

85 ml roten Traubensaft, 100 ml Mineralwasser, 50 g Himbeeren.

Traubensaft und Mineralwasser verrühren und mit den Himbeeren servieren.

HIRSEAUFLAUF

Das benötigen Sie:
30 g Hirse roh, 100 g Marillen, 60 g Magertopfen, 1 EL flüssige Süßkraft, Salz, 1 EL Rum, 10 g Butter, abgeriebene Schale von 1/2 unbehandelten Zitrone.
Hirse in 75 ml Wasser aufkochen und auf der Herdplatte 20 Min. ausquellen lassen. Anschließend abkühlen.
Marillen waschen, entsteinen und in Spalten schneiden.
Topfen mit Eidotter, 1 TL Süßkraft, Salz, Rum und Zitronenschale verrühren und die erkaltete Hirse unterziehen.
Das Eiklar zu steifem Schnee schlagen und zusammen mit den Marillenspalten vorsichtig unter die Hirsemasse heben.
Alles in eine gefettete Auflaufform füllen und mit Butterflöckchen belegen.
Im vorgeheizten Rohr bei 220 Grad etwa 20 Min. goldgelb backen.

TOPFENWECKERL

Grahamweckerl mit Topfen bestreichen und mit Kresse bestreuen.
1 Tomate in Scheiben schneiden und das Weckerl damit belegen.
Dazu eine Marille essen.

❮ Geräucherte Putenbrust mit mariniertem Gemüse (Rezept Seite 62)

Gemüse, kalt oder nur lauwarm serviert, ist ein leichtes Essen, darum im folgenden ein Rezept für:

GERÄUCHTERTE PUTENBRUST MIT MARINIERTEM GEMÜSE

(Bild Seite 60)
Kaufen Sie:
100 g Champignons, je 1 gelbe und 1 grüne Paprikaschote, 125 g Brokkoli, 2 Lauchzwiebeln, Salz, Obstessig, 65 g geräucherte Putenbrust, Pfeffer, 1 EL Öl.

Gemüse waschen, putzen und in mundgerechte Stücke schneiden. In 50 ml Salzwasser 10 Min. dünsten.
Die Putenbrust würfeln, das Gemüse mit Obstessig, Pfeffer und Öl würzen und erkalten lassen. Putenbrust darüber streuen und anrichten.
Als Dessert genießen Sie 150 g Himbeeren.

Dieser Tagesplan hat:
1031 kcal, 55 g Eiweiß, 35 g Fett, 9,5 BE.

Haben Sie schon einige Rezepte ausprobiert und vielleicht bereits 1 bis 2 Kilos verloren? Nur nicht nachlassen! Und sollte Sie einmal der Gusto auf etwas Bestimmtes „ungenießbar“ machen, dann sündigen Sie ruhig einmal. Besser einmal zu Beginn ihrer Diät sündigen, als im Frust zu ersticken. Natürlich darf das nicht zur Gewohnheit werden. Denken Sie nie: „Ich kann nicht“, denn Sie wissen doch, „Ich kann nicht“ heißt „Ich will nicht“. Und Sie wollen doch. Sollten Sie unangenehme Hungergefühle haben, stellen Sie doch einfach Belohnungsteller auf. Schneiden Sie eine geschälte Gurke in Würfeln, raffeln Sie eine Karotte, oder achteln Sie eine Tomate und einen Apfel. Diese Köstlichkeiten verteilen Sie in den Räumen, in denen Sie sich aufhalten. Jedesmal, wenn Sie einen dieser Räume betreten, nehmen Sie sich ein Stückchen vom Teller als Belohnung für Ihr Durchhaltevermögen. Denken Sie nie, das lohnt nicht für die Zeit, die mir noch gegönnt ist, sondern: „Jetzt geht´s erst richtig los“, dann haben Sie schon gewonnen. Vor allem: Lassen Sie Ihr Gehirn keine Diät machen - bleiben Sie informiert und versuchen Sie Neues.

Und nun zum nächsten Tagesplan:

TAGESMENÜPLAN 4

SCHOKOBROT MIT KAFFEE

40 g Vollkorntoast mit 10 g Butter und 1 TL Diätnougatcreme bestreichen. Kaffee mit 0,5 % Milch bereiten und nach Geschmack mit Süßstoff trinkfertig machen.
Wenn der große Hunger kommt, essen Sie heute 4 Tomaten.

Dann bereiten Sie:

NUDELN MIT TOMATENSAUCE

Man nehme:
60 g Vollkornspaghetti, Salz, 1 Knoblauchzehe, 2 Sardellenfilets, etwas Basilikum, 1 EL Öl, 130 g Tomaten (ev. aus der Dose).

Spaghetti in kochendem Salzwasser 10 Min. garen. Knoblauchzehe schälen und in Scheiben schneiden. Sardellenfilets klein hacken und mit Basilikum mischen. Öl in einer Pfanne erhitzen, Knoblauchzehe und Sardellenfilets darin andünsten, Tomaten dazugeben und zugedeckt etwa 10 Min. köcheln lassen. In der Zwischenzeit Spaghetti abgießen und abtropfen lassen. Nudeln mit der Sauce vermischen und mit Basilikum bestreut servieren.

Und nachdem bei jeder Diät der 4. Tag angeblich der schwerste ist, belohnen Sie sich doch heute mit 250 g Wasser- oder Honigmelone.

Nun bereiten Sie eine Spezialität aus China zu:

CHINESISCHER REISSALAT

Nehmen Sie:
30 g Naturreis, 75 g Hähnchenbrustfilet, 150 g Pilze, 1 TL Öl, Salz, 50 g Bambussprossen, 2 Lauchzwiebeln, 1 EL Sojasauce, Curry, Cayennepfeffer.

Reis in kochendem Salzwasser 30 Min. garen. Das gewaschene, trockene Hähnchenfleisch in heißem Öl von beiden Seiten 15 Min. braten. Pilze und Gemüse klein schneiden und in wenig Wasser 10 Min. dünsten. Fleisch in Scheiben schneiden. Alle Salatzutaten mischen und mit einer Marinade aus Sojasauce, Obstessig, Curry und Cayennepfeffer würzen. Erkalten lassen und auf einem Teller dekorativ anrichten.

Ist Ihr Hunger nicht zu stillen, machen Sie noch ein leckeres

GURKENSCHIFFCHEN

(Bild Seite 22)

Dazu vierteln Sie eine schlanke Gurke. Entfernen Sie das Kerngehäuse und schaben Sie das Fruchtfleisch bis auf 1 cm aus. Das ausgekratzte Fruchtfleisch wird kleingeschnitten und mit 125 g Topfen, 2 Zehen Knoblauch, 1 EL Joghurt, Salz und Pfeffer aufgeschlagen und mit einem Dressiersack mit großer Spritztülle in die Gurke dressiert. Garnieren Sie mit Radieschenscheiben, und verbringen Sie mit diesem Zusatzgericht noch einen schönen Tag.

Dieser Tagesplan hat:

1173 kcal, 74,1 g Eiweiß, 36,4 g Fett, 11,5 BE.

TAGESMENÜPLAN 5

SALZSTANGERL MIT BUTTER UND KÄSE

Verwöhnen Sie sich mit 1 bis 2 Tassen guten Kaffee oder Tee und essen Sie dazu ein Salzstangerl, das Sie mit 5 g Butter bestreichen und mit 20 g Edamer belegen.

Zur Frucht des Tages erklären Sie heute die Kiwi, die Sie gleich nach dem Frühstück essen:

Mixen Sie aus Kiwi, 100 g Apfel und 3 EL Magerjoghurt einen Vitamincocktail, den Sie noch mit einer Tablette Süßstoff verbessern können.

FISCH MIT DILLGURKEN

Man nehme:
150 g Kartoffeln, Salz, 125 g Rotbarschfilet, 250 g Gurke, Essig, 1 TL Öl, 3 Zweige frische Dille, 1 EL Sauerrahm, Pfeffer.

Kartoffeln waschen, schälen und in kochendem Salzwasser ca. 20 Min. garen. Das Fischfilet kalt waschen, trockentupfen und mit Essig beträufeln. Gurke schälen und längs halbieren. Mit einem Löffel die Kerne entfernen. Die Gurke in Stücke schneiden. Öl erhitzen und die Gurkenstücke darin etwa 10 Min. schmoren. Fisch in einer beschichteten Pfanne von beiden Seiten je 4 Min. braten. Dill hacken und mit dem Sauerrahm unter das Gurkengemüse geben. Kartoffeln abgießen. Fischfilet und Dillgurken mit Salz und Pfeffer würzen.

Haben Sie schon die neuen Reissnacks probiert? Bereits nach ein paar Tagen haben Sie sich an ihren Geschmack gewöhnt und werden Sie gern für die Diät verwenden. Darum gleich ein:

MARMELADESNACK

Bestreichen Sie 1 Scheibe Reissnack mit 20 g Magertopfen und einer beliebigen Diätmarmelade.

Nun etwas für warme Tage:

GEFÜLLTE TOMATEN

2 große Tomaten, 30 g Geflügelwurst, 2 Gewürzgurken, 1 Eckerl Paprikakäse, 1 Grahamweckerl, etwas gehackte Petersilie.

Die Tomaten waschen, einen Deckel abschneiden, aushöhlen und das Fruchtfleisch durch ein Sieb streichen. Geflügelwurst und Gurke klein schneiden. Paprikakäse mit Tomatenpüree verrühren. Petersilie grob hacken. Alles vermischen und in die ausgehöhlten Tomaten füllen. Dazu das Grahamweckerl essen und 2 Gläser Mineralwasser trinken.
Haben Sie noch Hunger? Da ja heute Kiwitag ist, essen Sie noch 2 Kiwi.
1215 kcal, 62,8 g Eiweiß, 36,8 g Fett, 11,2 BE.

TAGESMENÜPLAN 6

Heute ist schon der 6. Tag, an dem Sie tapfer meinen Anweisungen folgen, und das muß belohnt werden.
Daher folgt ein Schlemmerfrühstück:

ORANGENMÜSLI MIT ZWIEBACK

(Bild nächste Seite)

Dazu nehmen Sie:
1 Orange (ca. 125 g), 3 EL Haferflocken, 2 EL Magerjoghurt, 1/2 TL Diabetikerhonig, 5 g Butter, 1 Stück Zwieback.

Orange schälen, filetieren und mit Haferflocken, Joghurt und Honig verrühren. Dazu Zwieback und Butter essen.

Natürlich sollten Sie auf Tee oder Kaffee nicht vergessen. Und nachdem wir den heutigen Tag zum Schlemmertag erklären, schlemmen wir gleich weiter:

NUDEL-GEMÜSE-TOPF

120 g Putenbrustfilet, 1/4 l Gemüsessuppe (Würfel), 150 g Karotten, 150 g Lauch, 50 g Vollkornnudeln, 1 TL Majoran, Salz und Pfeffer.

Putenbrust waschen, in Stücke schneiden und in der kochenden Gemüsesuppe 10 Min. garen.
Karotten waschen, schälen und würfeln. Stangensellerie waschen, von den äußeren Stengeln eventuell die harten Fäden abziehen, die Stengel mit dem zarten Grün in Stücke schneiden.
Lauch waschen, putzen und in Ringe schneiden.
Das Gemüse zum Fleisch geben und 5 Min. garen. Nudeln zufügen und weitere 10 Min. kochen lassen.
Den Nudel-Gemüse-Topf mit Salz und Pfeffer würzen und mit Majoran bestreut anrichten.

Aber selbst heute können wir nicht nur schlemmen. Deshalb sollten Sie 2 Gläser roten Rübensaft trinken, um Ihre Verdauung anzuregen.

Da bekanntlich das Beste am Ende kommt, nun noch einen tollen

KALBFLEISCH-KÄSE-SALAT

Man nehme:
25 g Gouda, 30 g Kalbfleischsulz, 1 kleine Zwiebel, 2 Tomaten, 5 Radieschen, 50 g Gurken, 4 Salatblätter, 1 TL Essig, Salz, Pfeffer, 1 TL Öl, 1 Vollkornweckerl.

Gouda in Streifen schneiden. Gemüse und Salat waschen, putzen und in Stücke schneiden. Kalbfleischsulz klein würfeln. Essig mit Wasser, Öl, Salz und Pfeffer zu einer pikanten Sauce verrühren und über die Zutaten geben. Dazu ein Vollkornweckerl essen und 2 Gläser Mineralwasser oder Tee trinken.

1160 kcal, 63,2 g Eiweiß, 29 g Fett, 11 BE.

Nun haben Sie die vergangenen 6 Tage durchgehalten und bestimmt voll Freude festgestellt, daß Ihnen einige Kilos abhanden gekommen. Jetzt gibt es noch zwei Tagespläne für Feiertage oder festliche Anlässe, denn auch an solchen Tagen sollten Sie trotz Schlemmen auf Ihre Diät achten.

❮ Orangenmüsli mit Zwieback (Rezept Seite 65)

FEIERTAGSMENÜPLAN

Bereiten Sie guten Kaffee zum Frühstück und dazu:

GERÄUCHERTEN HEILBUTT AUF VOLLKORNTOAST

Dazu benötigen Sie:
50 g geräucherten Heilbutt, 40 g Vollkorntoast, 20 g Butter, Zitronenscheiben.
Den Toast mit Butter bestreichen und mit dem Räucherfisch belegen, mit Zitronenscheiben garnieren.
Dazu sollten Sie ausgiebig trinken.

HEXENSCHNEE

Bitte nehmen Sie:
100 g Äpfel, 1 Eiklar, 10 g Zuckerersatz, Saft von 1/2 Zitrone.
Das Eiklar steif schlagen. Den Diabetikerzucker mit dem Saft der halben Zitrone und den geriebenen Äpfeln vorsichtig darunterheben.

WILDSCHWEINSTEAK MIT PILZEN

150 g Kartoffeln, 1/8 l Milch, Muskatnuß, 1 Birne, 2/8 l Rotwein, Nelken, Zitronenschale, Preiselbeeren, 100 g Eierschwammerln, 50 g Zwiebeln, 150 g Wildschweinsteak, 10g Butter.
Die Kartoffeln kochen, passieren, mit 1/8 l Milch, Salz und Muskatnuß vermischen und daraus Häufchen formen, die 30 Min. im Rohr gebacken werden. Die Birne schälen, entkernen, in 1/8 l Rotwein und 1/2 l Wasser mit Nelken und Zitronenschale ca. 5 Min. dünsten, dann abkühlen lassen. Das Fleisch über Nacht in 1/8 l Rotwein, 1 TL Senf und Pfeffer marinieren, dann braten. Die in Butter mit Zwiebel gerösteten Eierschwammerln, das Fleisch, die Kartoffeln und die mit Preiselbeeren garnierte Birne servieren.
Essen Sie als Zwischenmahlzeit 2 Pfirsiche.

FEIGENCOCKTAIL

Nehmen Sie:
3 frische Feigen, einige frische Minzblätter, Saft von 1/2 Zitrone, 1/16 l Schlagobers, 30 g Osso Collo.
Die Feigen schälen und kreuzweise einschneiden. Die Minzblätter zerdrücken und mit dem Saft von 1/2 Zitrone 15 Min. stehen lassen, dann 1/16 l Schlagobers in den abgeseihten Saft einschlagen. Auf die Feigen geben und mit fein geschnittenem Osso Collo bestreuen, mit Minzblätter garniert servieren.

Der Menüplan für den Feiertag enthält:
1305 kcal, 64 g Eiweiß, 47g Fett, 10 BE.

FESTLICHER TAGESPLAN

KORNSPITZ MIT SALAMI UND KÄSE

Den Kornspitz teilen und mit 30 g Salami und mit 30g Gruyère belegen. Dazu Tee oder Kaffee servieren.

TOMATEN-BANANEN-SALAT

(Bild nächste Seite)
200 g Tomaten, 50 g Bananen , Zitronensaft, Petersilie, Salz, Pfeffer.

Tomaten und Bananen in Scheiben schneiden und mit Zitronensaft, Petersilie, Salz und Pfeffer marinieren.

ZUCCHINI-KRUSTELN

100 g Zucchini, 50 g Kartoffeln, 25 g Zwiebeln, 1/2 Ei, 2 EL Mehl, Salz, Pfeffer, 50 g Räucheraal, 2 EL Rahm.
Zucchini, Kartoffeln und Zwiebeln raspeln. Ei, Mehl, Salz und Pfeffer untermischen und aus der Masse kleine Laibchen formen, in der Pfanne braunbacken. Den Räucheraal aufschneiden und kalt dazu servieren, mit Rahm garnieren.

HEISSE LIEBE

50 g Vanilleeis, 100 g Himbeeren, 1 EL Himbeergeist.

Die Himbeeren werden erhitzt und mit 1 El Himbeergeist über das Eis gegossen serviert.

RINDERSTEAK MIT GURKENSALAT

150 g Lungenbraten, 1 EL Öl, 3 EL Rotwein, 1 EL Cognac, 10 g Butter, 100 g Kartoffeln, 300 g Gurken, Knoblauch, Salz, Pfeffer.

Das Fleisch im Öl braten und mit 1 EL Cognac flambieren. Anschließend aus der Pfanne nehmen. Den Saft mit 3 EL Rotwein und der Butter montieren. Vor dem Servieren über das Fleisch gießen. Dazu Folienkartoffeln reichen sowie Gurkensalat, den Sie aus der Gurke, gewürzt mit Knoblauch, Salz und Pfeffer, bereitet haben.
Dieser festliche Tagesplan enthält:
1481 kcal, 71 g Eiweiß, 65 g Fett, 9 BE.

Verwöhnen Sie sich und Ihren Partner oder Ihre Gäste mit diesem raffinierten Feiertagsmenü - und niemand wir vermuten, daß Sie Diät halten.

6. KAPITEL: KLEINE GERICHTE UND ZWISCHENMAHLZEITEN

POWER-SNACK

100 g Erdbeeren, 40 g Ballaststoff-Müsli, 100 ml Milch 0,5%, 100 ml Sauerkirsch-Diättrunk, 1 EL Weizenkleie, 1/2 Bund Schnittlauch, 1 Ei, Salz, Pfeffer, 20 g gekochter Schinken, 1 Scheibe Vollkorn - Reissnack.

Erdbeeren klein schneiden, mit Müsli und Milch vermischen.
Kirschtrunk und Weizenkleie verrühren.
Schnittlauch in feine Röllchen schneiden.
Ei verquirlen, mit Salz und Pfeffer würzen.
Schinken würfeln und mit der Eimasse in einer beschichteten Pfanne stocken lassen.
Schinken- Rührei auf dem Reissnack anrichten und mit Schnittlauchröllchen bestreuen.

468 kcal, 22,2 g Eiweiß, 15,2 g Fett, 4,7 BE.

VOLLKORNBROT MIT PARADEISTOPFEN

Dazu nehmen Sie:
100 g Magertopfen, 1 EL Magermilch, 1 große Tomate, 1/2 Zwiebel, etwas gehackte Petersilie, 1 TL Butter, Salz und 1 Scheibe Vollkornbrot.

Den Topfen mit der Milch glattrühren.
Die Tomate mit kochendem Wasser überbrühen, häuten und in Würfel schneiden.
Die Zwiebel abschälen und klein schneiden.
Tomatenwürfel, Zwiebel und Petersilie unter den Topfen rühren. Mit Salz abschmekken.
Das Vollkornbrot mit Butter bestreichen und zum Tomatentopfen servieren.

221 kcal, 18,2 g Eiweiß, 5,7 g Fett, 2 BE.

❮ Tomaten-Bananen-Salat (Rezept Seite 69)

Mit den folgenden Gerichten gelingt Ihnen jedes Familientreffen, und selbst Ihre Enkelkinder werden staunen, wenn Sie ihnen trotz Ihrer Diät leckere Aufstriche, gefüllte Birnen oder Marillencreme servieren.

Die nächsten fünf Rezepte sind für 4 Personen berechnet:

ORANGENFRÜHSTÜCK

500 ml frisch gepreßten Orangensaft auf 4 Gläser aufteilen. Als Tagesvitaminstoß sofort trinken. Nun erst beginnen Sie mit Kaffee oder Tee nach Wahl.
Dazu essen Sie ein Grahamweckerl, in das Sie 25 g Camembert und 25 g grüne Paprikaschoten je Weckerl verteilen.
Pro Portion:
247 kcal, 9 g Eiweiß, 6 g Fett, 3 BE.

GEFÜLLTE BIRNEN

600 g Birnen, 100 g Magertopfen, 50 g Diätribiselmarmelade, 30 g Haselnüsse.

Die halbierten, ausgehöhlten Birnen dünsten und mit Topfen-Marmelade-Nuß-Gemisch füllen.
Pro Portion:
200 kcal, 5 g Eiweiß, 6 g Fett, 2,4 BE.

MARILLENCREME

Nehmen Sie:
20 g Maizena, 1/4 l Milch, 100 g Magertopfen, 10 g Zuckeraustausch, 20 g Margarine, 1/2 Vanilleschote, 130 g getrocknete Marillen.

Maizena mit 4 EL kalter Milch glattrühren, in die kochende Milch einrühren und verkochen. Topfen, Zucker, Margarine und Vanillemark schaumig rühren und löffelweise den überkühlten Pudding und die zerkleinerten, getrockneten Marillen zugeben. Für kleine Naschkatzen mit Schlagobers dekorieren.
Pro Portion:
225 kcal, 6 g Eiweiß, 8 g Fett, 2,5 BE.

EIAUFSTRICH

Mit dem Handmixer 2 hartgekochte, passierte Eier, 100 ml Sauerrahm, 40 g Zwiebel sowie Salz, Pfeffer und Curry gut mischen, und Sie erhalten einen Aufstrich, der für 4 Stück Brot oder Semmeln reicht, sehr gut schmeckt und nur wenig Figurbelastendes enthält.
Pro Portion:
124 kcal, 7 g Eiweiß, 8 g Fett, 0,8 BE.

❮ Eiaufstrich

AVOCADOAUFSTRICH

120 g Avocados, 40 g Zwiebel, Knoblauch, Salz, Pfeffer, 2–3 Tropfen Zitronensaft.

Das Avocadofruchtfleisch zerdrücken und mit gehackter Zwiebel, zerdrücktem Knoblauch, Salz, Pfeffer und Zitronensaft abschmecken.
Pro Portion:
64 kcal, 5 g Eiweiß, 7 g Fett, keine BE.

EIAUFSTRICH II

Bereiten Sie 2 Portionen aus:
1 Ei, 2 EL Butter, 100 g Magertopfen, Salz, Senf, Kerbel, Schnittlauch, Kresse.

Das gekocht Ei hacken und mit 100 g Magertopfen und der Butter verrühren. Mit den Gewürzen vermischen. Für 1 Portion bestreichen Sie 1 Wachauer Laibchen mit der Hälfte des Aufstrichs, vierteln Sie 1 Tomate und bestreuen Sie alles mit Schnittlauchröllchen. Dazu reichen Sie Kaffee oder Tee je nach Geschmack.
Pro Portion:
288 kcal, 16 g Eiweiß, 8 g Fett, 2,2 BE.

Ich bemühe mich, Ihnen rasch zubereitete Gerichte vorzustellen, die trotzdem kleine Köstlichkeiten sind, sodaß Sie Freude an Ihrer Diabetesdiät haben. Mit diesen Rezepten ist es nicht schwer, Diät zu halten. Die gängigen Speisen kennen Sie ja bereits von Ihrer Diätassistentin, deshalb wurden hier außergewöhnliche Rezepte ausgewählt, mit denen Sie jedes Büffet bereichern oder sich und Ihren Partner so richtig verwöhnen können. Übrigens: Wußten Sie, daß Sie als Diabetiker Anspruch auf einen Diätzuschuß für Ihr Essen haben? Anträge dazu gibt es bei Ihrer Sozialversicherung.
Ich hoffe, Sie haben schon etwas Gewicht verloren und sehen zuversichtlich auf Ihre nächsten Speisepläne. Nun, so schwer ist es ja nicht, mit den angegebenen Kalorien und Broteinheiten einen passenden Tagesplan zu erstellen. Außerdem sind Sie inzwischen ein Profi geworden.

THUNFISCHSALAT

Für 2 Portionen nehmen Sie:
100 g Thunfisch abgetropft, 100 g Tomaten, 60 g Äpfel, 20 g Zwiebel, 50 g Blattsalat nach Wahl, Salz, Pfeffer, Chilisauce, Zitronensaft, Petersilie, 40 g Magerjoghurt, 40 g grüne Oliven.

Den Thunfisch zerteilen, die geschnittenen Tomaten, Äpfel und die gehackte Petersilie daruntermischen, mit Salz, Joghurt, Pfeffer, Chilisauce und Zitronensaft in einer Schüssel marinieren. Auf Salatblättern anrichten und mit Oliven garnieren. Mit 2 Scheiben Vollkornbrot servieren.
Pro Portion:
277 kcal, 17 g Eiweiß, 10 g Fett, 2 BE.

❮ Thunfischsalat

SAURE ZUNGE AUF SALAT

Zutaten für 2 Portionen:
100 g Rindszunge gekocht, 40 g Zwiebel, 150 g Radicchio, 100 g grüner Salat, 1 EL Öl, Essig, Salz, Pfeffer.

Die feinnudelig geschnittene Zunge mit Zwiebel, Essig, Salz und Pfeffer marinieren. Den grünen und den Radicchiosalat ebenfalls nach Geschmack fertigstellen.
Die Salate auf einer Platte anrichten.

Pro Portion:
286 kcal, 13 g Eiweiß, 13 g Fett, 2 BE.

HERINGSSALAT MIT SCHWARZBROT

Für 1 Person brauchen Sie:
2 eingelegte Russen, 1 kleinen Apfel, 30 g Essiggurkerln, 2 Gabeln der mit den Russen eingelegten Zwiebeln, 3 EL Magerjoghurt, Kapern, Essig, Pfeffer nach Geschmack.

Geschnittene Russen, Apfel und Gurkerln vermengen. Mit einer Sauce aus Magerjoghurt, Essig, kleingehackten Einlegezwiebeln und gehackten Kapern übergießen, durchmischen und ziehen lassen. Mit 50 g Schwarzbrot und 2 Gläsern Mineralwasser genießen.

Dieser Heringssalat hat nur:
328 kcal, 17 g Eiweiß, 13 g Fett, 2,7 BE.

SCHINKEN-KÄSE-BAGUETTE

Bestreichen Sie die Hälfte eines Baguettes (80 g) auf einer Seite mit 1 TL Halbfettmargarine, und belegen Sie diese mit 1 Scheibe gekochtem Schinken von ca. 40 g und 1 Scheibe Tilsiter mit 30 g Fett in Trockenmasse.
Dann türmen Sie noch 4 dünne Schnitten Tomaten und 4 Scheiben Gurken auf das Baguette.
Mit der anderen Hälfte des Baguettes abdecken, und fertig ist ein kaltes Sommergericht.

360 kcal, 22 g Eiweiß, 13 g Fett, 3 BE.

‹ Heringssalat mit Schwarzbrot

GEFÜLLTE TOMATEN MIT KÄSE

100 g Hüttenkäse mit 2 EL Schnittlauchröllchen vermischen und mit Kräutern und Pfeffer abschmecken.
2 Tomaten über Kreuz einritzen und mit kochendem Wasser abbrühen, dann sofort unter kaltes Wasser halten und die Haut abziehen.
Die Tomaten in die Hälfte teilen und entkernen. Das Hüttenkäsegemisch in die Tomaten füllen. 80 g Gouda (30% F. i. T.) klein schneiden und mit 80 g blauen Weintrauben auf einem Teller garnieren.
Dazu ein Vollkornweckerl essen.
340 kcal, 23 g Eiweiß, 10 g Fett, 3,5 BE.

GEFÜLLTE PARADEISER

Für 2 Personen nehmen Sie:
4 mittlere Paradeiser, 2 harte Eier, 1/2 rote Paprikaschote, 1 Gurke, 1 Zwiebel, 1 EL Rahm, Salz, Pfeffer, Basilikum.

Für diese Mahlzeit „auf die Schnelle" die Paradeiser aushöhlen und mit den zerkleinerten und mit Rahm vermengten Zutaten füllen.
Reichen Sie dazu pro Person 1 Grahamweckerl, und vergessen Sie nicht, ausreichend zu trinken.
1 Portion enthält:
173 kcal, 11 g Eiweiß, 8 g Fett, 1 BE.

KALTER TELLER

(Bild Seite 24)
Schneiden Sie 1/2 rote und 1/2 grüne Paprikaschote in feine Streifen.
Belegen Sie einen Teller mit 130 g Lachsschinken, 1 in Scheiben geschnittenem Ei und 2 Gurkerlfächer und reichen Sie extra 2 Pumpernickel, bestrichen mit 1 EL Halbfettmaragrine, dazu.
Trinken Sie Mineralwasser oder Tee mit Zitrone und Süßstoff.
Dieser feine Aufschnitt hat:
360 kcal, 10 g Eiweiß, 15 g Fett und 4 BE.

APFELMÜSLI

150 g Magerjoghurt, 1 EL Zitronensaft, 2 EL Haferflocken und 50 g Apfelraspeln.

Alles verrühren, und ein guter Morgen kann beginnen.
170 kcal, 10 g Eiweiß, 1 g Fett, 2 BE.

‹ Gefüllte Tomaten mit Käse

TOPFENMÜSLI

Zu diesem Müslifrühstück benötigen Sie:
60 g Magertopfen, 8 g Ballaststoff - Müsli,
1 TL Diät-Sirup, 2 EL Leinsamen geschrotet,
2 Erdbeeren, 1/2 Kiwi.

Den Topfen mit Müsli und Sirup vermischen und in ein Schälchen geben.
Mit den Leinsamen bestreuen. Die gewaschenen, geputzten Erdbeeren halbieren. Kiwi schälen und in dünne Scheiben schneiden.
Das Topfenmüsli mit den Früchten garnieren.

157 kcal, 10 g Eiweiß, 1 g Fett, 1,6 BE.

Unser herkömmliches Frühstück besteht aus:
1 Semmel, 10 g Butter und 20 g Diabetikermarmelade.
Es ist leider eine Kalorienbombe, denn es enthält
300 kcal, 12 g Eiweiß, 11 g Fett, 2 BE.

Da wir eher kleine Portionen essen sollen, dafür jedoch öfter, noch einige Rezepte für Zwischenmahlzeiten:

1 BE als Zwischenmahlzeit ist z. B. 1 mittelgroßer Apfel, 100 g Grapefruit, 150 g Erdbeeren, 20 g Knäckebrot und 30 g Hüttenkäse oder 50 g Vollkornbrot und 30 g mageren Schmelzkäse.

HAMBURGER HERINGSSALAT MIT KARTOFFELN

Von 300 g Heringen die Schwanzflossen mit dem Grätenteil entfernen, und die Heringe mit 1 kleinen Zwiebel in Stücke schneiden.
1/2 Apfel schälen, das Gehäuse entfernen, und den Apfel in dünne Stifte schneiden.
Eine Glashausgurke abwaschen, abtupfen, der Länge nach halbieren und in dünne Scheiben schneiden.
Senf und etwas Essig von den eingelegten Heringen beifügen.
Dazu passen heurige Kartoffeln (3 Stück) oder 1 1/2 Schnitten Schwarzbrot.

Pro Portion:
350 kcal, 18 g Eiweiß, 19 g Fett, 3 BE.

ARTISCHOCKE MIT DIP

Nehmen Sie hierfür:
1 Artischocke (350 g), Obstessig, Salz, 1 TL Mayonnaise (30 % Fett), 1 EL Magerjoghurt, 2 Knoblauchzehen.

Die Artischocke waschen und in Wasser, etwas Obstessig und Salz ca. 50-60 Min. kochen.
Aus Joghurt und gepreßtem Knoblauch sowie der Mayonnaise eine Dipsauce bereiten und zur Artischocke geben.

105 kcal, 10,9 g Eiweiß, 22 g Fett, 1,7 BE.

KÄSEBROT MIT RADIESCHEN

Bestreichen Sie 3 Scheiben Knäckebrot mit 15 g Butter und belegen Sie diese mit 30 g Gouda.
5 Radieschen waschen und dazu essen.

330 kcal, 10,9 g Eiweiß, 22 g Fett, 1,7 BE.

BAUERNPLATTE MIT BROT UND RETTICH

Man nehme:
75 g Rinderschinken, 200 g Rettich, 100 g Essiggurkerln, 75 g Schwarzbrot (1 1/2 Schnitten).

Rinderschinken in dünne Scheiben schneiden und auf einer Platte garnieren. Mit Essiggurken und geschnittenen Rettich aufputzen.
Mit Schwarzbrot zu Tisch geben.

440 kcal, 38 g Eiweiß, 9 g Fett, 3 BE.

VOLLKORNBROT MIT ROHKOST

150 g Magertopfen mit 1 EL Crème fraîche verrühren. Mit gepreßtem Knoblauch, Salz und Pfeffer vermischen und auf 2 Scheiben Vollkornbrot à 50 g verteilen.
3 Radieschen und 1 Karotte raffeln und auf die Brote verteilen, die Sie mit dem Topfengemisch bestrichen haben.
Mit 1 in Streifen geschnittenen Tomate belegen.

200 kcal, 15 g Eiweiß, 18 g Fett, 3 BE.

❮ Vollkornbrot mit Rohkost

SALATPLATTE MIT EI, BROT UND BUTTERMILCH

1 Ei hart kochen und achteln.
Je nach Saison 300 g verschiedene Salate in Essig-Öl-Marinade oder Joghurtdressing zubereiten und mit Eiachteln garnieren.
Essen Sie dazu 1 Scheibe Vollkornbrot und trinken Sie 1/4 l Buttermilch.

420 kcal, 28 g Eiweiß, 14 g Fett, 3 BE.

BANANEN-TOFU-CREME

Man nehme für 2 Personen:
2 Bananen, 120 g Tofu (im Reformhaus erhältlich), 2 TL Diabetiker-Honig, Zitronensaft.

Geschälte Bananen in Scheiben schneiden und mit Zitronensaft beträufeln.
Tofu und Honig mit dem Mixstab pürieren und mit Zitronensaft abschmecken.
In Dessertschalen füllen und mit frischen Kirschen garnieren.

143 kcal, 5 g Eiweiß, 2 g Fett, 2,3 BE.

PIKANTES KÄSEBROT

Dazu benötigen Sie:
50 g Vollkornbrot, 1/2 Eckerl Paprikakäse, 20 g Emmentaler, 1 Tomate, etwas Kresse.

Brot mit Paprikakäse bestreichen und mit Käse belegen.
Tomate waschen, vierteln und mit der Kresse bestreuen.
219 kcal, 9,9 g Eiweiß, 9,7 g Fett, 1,7 BE.

TOPFEN-TOMATEN-BROT

Mischen Sie 30 g Magertopfen mit Salz, Pfeffer und 1 TL Distelöl.
Bestreichen Sie eine Scheibe Vollkornbrot mit dieser Mischung, belegen Sie das Brot mit einer Tomate und bestreuen Sie mit reichlich Schnittlauch.

88 kcal, 5,4 g Eiweiß, 3,4 g Fett, 0,7 BE.

TOMATEN-OLIVEN-TOAST

2 Scheiben Vollkorntoast leicht antoasten und mit je 1 Msp. Halbfettmargarine bestreichen.
Die Toasts mit je 1 Scheibe Lachsschinken belegen. 6 mit Paprika gefüllte Oliven dünn aufschneiden, auch 1 große Tomate in Scheiben schneiden und auf den Toastbroten überbacken.
Vor dem Servieren mit frischem Basilikum bestreuen.

Pro Person:
350 kcal, 15 g Eiweiß, 21 g Fett, 2 BE.

GRAHAMWECKERL MIT TOMATEN

Bestreichen Sie 1 Grahamweckerl mit Kräutertopfen aus Magertopfen und Kräutersalz, belegen Sie es mit einer dünn geschnittenen Tomate, und garnieren Sie das Ganze mit frischer Kresse.

Diese feine Zwischenmahlzeit hat:
200 kcal, 15 g Eiweiß, 2 g Fett, 2,8 BE.

Sie sehen, in diesem Buch gibt es viele Köstlichkeiten, auch für Feste oder andere Gelegenheiten, bei denen man etwas feiern möchte. Alle ausgewählten Rezepte haben etwas mehr Kalorien und BE, aber inzwischen wissen Sie schon Bescheid und können Ihre Tagespläne breits selbst zusammenstellen: Sie wissen z. B. genau, hier müssen Lückenfüller ohne BE wie Tomaten oder auch Gurken, die außerdem nur wenig Kalorien haben, aushelfen.

Es ist an der Zeit, mich von meinen Leserinnen und Lesern zu verabschieden. Jeder gute Gast sollte zur rechten Zeit gehen. Ich bedanke mich sehr herzlich für Ihre Gastfreundschaft und hoffe, ich konnte Ihnen zu einem neuen Lebensgefühl und zu neuer Lebenslust verhelfen. Sollten Sie zu Depressionen neigen, lassen Sie den Kopf nicht hängen. Denken Sie: „Mit mir nicht, Kopf hoch und durch!" Und damit Sie das Wichtigste, das Lächeln, nicht vergessen, noch ein kleines Gedicht auf den Weg:

DIE ABMAGERUNGSKUR

Ich bin zu dick, was mach ich nur?
Am besten irgendeine Kur.
Da fang ich an, mich fest zu quälen
und die Kalorien zu zählen,
die täglich ich verbrauchen darf.
Ich eß nicht süß, auch nicht zu scharf,
nur Joghurt, Kleie und so weiter,
na, diese Woche wird ja heiter.
Am Montag, Mittwoch nur noch Quark,
das kostet Kraft, ist man nicht stark
im Geiste und im Willen,
wird man den Plan wohl nie erfüllen,
Langsam vergehen sieben Tage,
und fröhlich steig ich auf die Waage,
dort entrüste ich mich sehr ...
...denn ich habe jetzt zwei Kilo mehr.

Mit lieben Grüßen an Sie alle
Gertrude Kreipel

REZEPTUREN IN ALPHABETISCHER REIHENFOLGE

Alle Rezepte sind, wenn nicht anders angegeben, für 1 Person berechnet.

Bereits erschienene Kochbücher:

Köstliches aus der Klosterküche
Dieses wertvolle Kochbuch bietet köstliche Speisen verbunden mit dem Flair österreichischer Klöster zum Nachkochen für die eigene Küche und dient gleichzeitig als Leitfaden und Kulturführer durch die Geschichte der Klöster Österreichs.
Preis: öS 198,--
ISBN 3-85050-008-X

Steirische Schmankerl und g'sunde Köstlichkeiten
Im Herzen Österreichs liegt die Steiermark – ein Bundesland – das besonders durch seinen Waldreichtum und die hügelige Landschaft begünstigt, eine Fundgrube für Köstlichkeiten der Natur und ebenso für unseren Mittagstisch darstellt.
Preis: öS 98,--
ISBN 3-85050-005-5

Kochen mit Beeren, Früchten, Kräutern und Pflanzen
Schon unsere Urahnen machten sich die Natur mit ihren Beeren, Früchten, Kräutern und Pflanzen zunutze, um ihren Nahrungsbedarf zu decken. Mit diesem reich bebilderten Kochbuch wird Kochen mit dem Angebot der Natur leicht gemacht.
Preis: öS 98,--
ISBN 3-85050-005-5

Kochen mit Pilzen und Waldfrüchten
Der Wald als Nahrungslieferant ist seit jeher bekannt und wurde von vielen Menschengenerationen bereits genutzt.
In über 150 Rezepten werden die Produkte des fruchtbaren Waldbodens in wahre Gaumenfreuden verwandelt.
Preis: öS 110,--
ISBN 3-85050-024-1

Alle Bücher erhältlich im gut sortierten Buch- und Zeitschriftenhandel, oder beim Verlag